I0039613

[Concepts de connaissance]

BIBLIOTHEQUE
DE PHILOSOPHIE CONTEMPORAINE

LE BONHEUR

ET

L'INTELLIGENCE

PAR

OSSIP-LOURIÉ

PARIS

FÉLIX ALCAN, ÉDITEUR

ANCIENNE LIBRAIRIE GERMER BAILLIÈRE ET Cⁱᵉ

108, BOULEVARD SAINT-GERMAIN, 108

1904

LE BONHEUR

ET

L'INTELLIGENCE

R

19092

AUTRES OUVRAGES DE M. OSSIP-LOURIÉ

La Philosophie de Tolstoï, 2ᵉ édition, 1 vol. in-12 de la
Bibliothèque de philosophie contemporaine (Ouvrage cou-
ronné par l'Académie des Sciences morales et politiques). Paris, F. Alcan. . . . . 2 fr. 50

Pensées de Tolstoï, 2ᵉ édition, 1 vol. in-12 de la *Bibliothèque de philosophie contemporaine*, Paris, F. Alcan. . . . . 2 fr. 50

Nouvelles Pensées de Tolstoï, 1 vol. in-12 de la *Bibliothèque de philosophie contemporaine*, Paris, F. Alcan. . . . . 2 fr. 50

La Philosophie russe contemporaine, 1 vol. in-8º de la
Bibliothèque de philosophie contemporaine, Paris, F. Alcan. . . . . 5 fr. »

La Philosophie sociale dans le Théâtre d'Ibsen, 1 vol.
in-12 de la *Bibliothèque de philosophie contemporaine*,
Paris, F. Alcan . . . . 2 fr. 50

NOUVELLES

Échos de la vie, 1 vol. in-18, Paris.

Ames souffrantes, 1 vol. in-18, Paris.

L'Éternel Tourment, 1 vol. in-18, Paris.

ÉDITIONS ÉTRANGÈRES

Zvouki jizni, Saint-Pétersbourg.

Narodnia Tschitalny, Moscou.

Po povodou Kreitzerevoï Sonaty, Moscou.

Aandslivet i Frankrige (*Morgenbladet*), Christiania.

Aandslivet i Europa (*For Kultur*). Christiania.

Den evige kval, Christiania.

ÉVREUX, IMPRIMERIE DE CHARLES HÉRISSEY

LE BONHEUR

ET

L'INTELLIGENCE

ESQUISSE PSYCHO-SOCIOLOGIQUE

PAR

OSSIP-LOURIÉ

PARIS

FÉLIX ALCAN, ÉDITEUR

ANCIENNE LIBRAIRIE GERMER BAILLIÈRE ET Cie

108, BOULEVARD SAINT-GERMAIN, 108

1904

Tous droits réservés.

LE BONHEUR
ET L'INTELLIGENCE

> Tout a été déjà pensé; il faut seulement
> essayer de le penser encore une fois.
>
> GŒTHE, *Maximes et réflexions.*

INTRODUCTION

I

Nous comprenons à l'heure actuelle que le pourquoi de la vie est un problème insensé dépassant nos forces. D'où vient l'homme, quel est le but de l'univers? Nous ne pouvons, nous ne pourrons probablement de longtemps encore répondre à ces questions, car nous devons écarter rigoureusement toute explication extra-terrestre et envisager comme hypothèses les données de la science expérimentale. L'homme est un fait, — sans commencement ni fin dans le temps et dans l'espace, — il doit être envisagé comme tel. Jusqu'ici la nature n'a rien produit de plus élevé, de plus parfait que l'homme ; ce dernier a non seulement le droit mais le devoir de se considérer comme le souverain de tout ce qui lui est accessible dans le monde. Le but de sa vie est en lui-même, c'est son bien particulier, il est une fin en soi.

L'énigme des causes premières et des causes finales, le *que suis-je?* et le *que sais-je?* reste toujours insondable ; nous ignorons les véritables origines de l'humanité[1]; nous ignorons le sens de la vie. Une chose est certaine, indéniable : le désir du bonheur est le premier principe de la nature humaine, il est instinctif, impérieux, universel. Avant même que l'homme se soit fait une notion quelconque, vraie ou fausse, de la vie et du bonheur, il veut être heureux. Quel que soit le genre de vie qu'il choisisse, c'est toujours vers le bonheur qu'il aspire. Grands et petits, tous croient être

---

1. La thèse classique de Huxley affirmant que l'homme est un mammifère voisin des singes et tout particulièrement rapproché des singes anthropomorphes est biologiquement indiscutable. L'hypothèse suivant laquelle l'homme pourrait être considéré comme un enfant prodige d'un anthropoïde, né avec un cerveau et une intelligence beaucoup plus développés que ceux de ses parents, s'accorde bien avec l'ensemble des faits connus. Cette descendance nous explique-t-elle le pourquoi de l'homme et de la vie ? Certes, non.

créés pour le bonheur. Ce sentiment a des racines si profondes en nous, que rien ne réussit à l'ébranler. Nous voulons être heureux, nous ne voulons que cela. C'est par le bonheur que tout vaut. Le bonheur varie selon les individus, il varie dans le même individu, suivant ses dispositions. Notre bonheur d'hier n'est pas notre bonheur de demain. A mesure que nous nous éloignons de la jeunesse, nous perdons notre confiance dans l'avenir vers lequel nous nous étions élancés avec de si riches espoirs. Au contact des hommes et des choses, nos illusions s'en vont, lentement, l'une après l'autre, comme les feuilles qui se détachent du rameau dans un jour d'automne. Malgré cela, nous espérons voir notre bonheur se lever chaque jour comme nous nous attendons à voir le soleil embraser chaque matin l'horizon. C'est en vain qu'autour de nous des vies se flétrissent comme l'herbe fauchée, notre propre anéantissement nous apparaît dans une brume lointaine. « La vie, constate Amiel dans son *Journal intime*, est l'apprentissage du renoncement progressif, de la réduction continuelle de nos prétentions, de nos espérances, de nos forces, de notre

liberté. » Le cercle se rétrécit de plus en plus ;
on voulait tout apprendre, tout voir, tout
entendre, tout conquérir, et dans toutes les
directions on arrive à une limite : *Non plus
ultra.* Fortune, gloire, puissance semblent
d'abord promises et accessibles, et puis il faut
souffler sur ce rêve... Et pourtant nous ne
bannissons pas toute espérance, nous n'étouf-
fons jamais le désir de connaître le bonheur.

Dans le premier moment de la satisfaction
de nos désirs, nous avons la présomption de
nous croire heureux. Mais bientôt ce qu'il y
avait de charmant se dissipe, et là où nous
avions cru ressentir une satisfaction complète,
nous n'éprouvons plus qu'une satisfaction
moindre, à laquelle succède une satisfaction
moindre encore, qui s'épuise peu à peu et
vient s'éteindre dans l'ennui...

Tout le bonheur que la vie pouvait donner
est venu, et le désir du bonheur n'est pas
éteint. A peine obtenu, ce bonheur si ardem-
ment, si uniquement désiré, effraye l'âme par
son insuffisance. « Le cœur de l'homme, toutes
les félicités de la vie mises en présence, le
cœur de l'homme n'est jamais satisfait[1]. » On

---

1. Jouffroi. *Mélanges philosophiques*, p. 401.

estime d'abord qu'on peut trouver le bonheur
dans ce qui se présente immédiatement aux
sens, c'est-à-dire dans le monde, dans les biens
extérieurs. On se met à poursuivre ce fantôme. Mais bientôt on rentre en soi-même et
on se demande : Suis-je heureux ? Une voix
retentit au fond de la conscience et répond :
Non, tu ne connais pas le bonheur. On se jette
sur un autre objet, même désillusion. Ainsi
on passe la vie, agité par un désir et une
angoisse continuels. « Si je pouvais changer,
je serais heureux. » On change et on ne se
trouve pas mieux. Arrive le moment où l'on
se dit : il n'y a point de bonheur. Mais une
voix intérieure retentit de nouveau : « Tu as
cherché ce bonheur dans une stérile agitation,
dans le néant et en vue du néant. Cherche-le
ailleurs et tu connaîtras le bonheur. » Et on
recommence l'éternelle poursuite.

Rien de passager ne satisfait les vastes aspirations de notre cœur, pas plus que la vue des
vérités où atteint notre intelligence ne satisfait notre raison. Notre besoin d'être heureux
n'est pas mieux assouvi que notre besoin de
comprendre. Nous savons que nous sommes
exposés à des déceptions sans cesse renais-

santes ; et, malgré tout, de temps à autre, un
soupir nous échappe, un rêve nous revient...
notre esprit est parti à la recherche du
bonheur. Toute notre vie tend au bonheur ;
il est au bout de toutes nos espérances, la
fin immédiate ou éloignée de tous nos efforts.
C'est un mot qui est gravé au plus profond
de l'homme, une voix impérieuse qui le poursuit partout, qui garde toujours sur lui son
charme tout-puissant. Dans cet être aux
désirs inconstants, aux affections fugitives,
aux impressions multiples, une chose ne disparaît jamais, survit à tous les entraînements, à
toutes les vicissitudes : le désir, l'idée du
bonheur. Rien que l'existence de cette idée
du bonheur ne prouve-t-elle pas l'existence
du bonheur même ? « Où donc et quand ai-je
fait l'expérience du bonheur, se demande
Augustin[1], pour que la pensée m'en revienne
sans cesse dans la mémoire, pour que je
l'aime et le désire? Et ce n'est pas là un état
qui m'est propre, où qui me soit commun
avec un petit nombre. Non, nous voulons
tous être heureux, sans exception. Il faut
donc que nous ayons une connaissance cer-

1. *Confessions*, X, 21, t. I, p. 793.

taine du bonheur pour que nous le voulions d'une volonté si certaine. »

Admettons que la réalisation du bonheur doive être reléguée au rang des problèmes insolubles, avec la quadrature du cercle et le mouvement perpétuel. Mais cette idée du bonheur, que représente-elle ? En d'autres termes, qu'est le bonheur ?

Qu'on n'attende pas de nous une définition à priori : les faits observés nous permettront seuls de répondre.

II

La vie de l'homme tend à deux fins : l'une, prochaine et particulière, comme la satisfaction immédiate de telle ou telle tendance d'où résulte le plaisir ; l'autre, générale et éloignée, qui embrasse le tout de nos aspirations et qui fait naître « le bonheur ». Or, l'une de ces deux fins est plus forte, plus considérable que l'autre, c'est-à-dire que la fin générale fait une impression bien plus puissante sur l'esprit et sur la volonté que la fin particulière. Car sans la fin générale, qui est d'être heureux, se soucierait-on de la fin particulière qui consiste à satisfaire telle ou telle aspiration ? Le bonheur est donc quelque chose de supérieur au plaisir. Le plaisir nous frôle, le bonheur nous pénètre. Le plaisir est un éclair, un tissu léger qui se rompt si l'on appuie, sa nature est fugitive, le bonheur est plus constant, plus durable ; il ne consiste pas dans un passage, mais dans un état. Le plaisir nous affame plus qu'il ne nous alimente. Le bonheur nous emplit et nous ne désirons rien au delà de lui-même, il finit, il disparaît, il ne dégénère pas comme le plaisir. Le plaisir est une satisfaction, le bonheur est une possession, un contentement, une joie continue. « Le bonheur est un contentement de son état dont la durée soit certaine[1]. » Ce contentement, cette joie a ses conditions, et pour avoir du bonheur une notion plus précise, il faut le concevoir comme un développement harmonieux, un plein essor de la vie.

Le bonheur est une harmonie. Quand toutes les parties de l'être, toutes les parties de la vie se touchent et pour ainsi dire s'entrelacent, il y a, dans le plus profond de l'homme, un tressaillement d'allégresse, dont le prolongement, dont la continuité forme ce qu'on peut justement appeler le bonheur. C'est un miroir d'une espèce particulière : il reflète l'état des facultés intellectuelles et morales de l'homme, de ses désirs, de ses aspirations. *Le bonheur est le développement de notre vie en confor-*

1. Kant. *Doctrine de la vertu*, Introduction. V. B.

mité avec ses tendances. D'où la diversité dans les conceptions du bonheur, résultat naturel de la diversité dans les inclinations des hommes. Car si les hommes se rencontrent tous et toujours dans l'intention elle-même d'atteindre le bonheur, ils se séparent sur sa définition, et surtout sur la question des voies particulières qui y mènent. Les conceptions du bonheur sont arbitraires, capricieuses, elles ne reposent pas sur des principes fixes, immuables. On trouverait difficilement deux hommes ayant de tous points la même idée du bonheur. Autant d'hommes, autant de conceptions sur les éléments constitutifs du bonheur, chacun s'en forgeant une idée en rapport avec ses goûts particuliers. Toute conception de bonheur révèle la mentalité de l'individu. Elle varie selon la nature, la structure, les facultés de chaque être, elle affirme la personnalité. Le bonheur n'est pas un objet qui existe par lui-même, c'est un phénomène purement intellectuel, il ne dépend pas des circonstances, mais de notre manière de l'envisager. Comme la douleur n'existe qu'en nous, et non dans le corps qui nous l'occasionne, notre bonheur dépend de l'idée que

nous nous en faisons et non des objets extérieurs. Le bonheur, c'est la force vitale, c'est
la virtualité pure, c'est la conscience de la
personnalité de l'homme qui se dresse comme
un idéal à poursuivre. Il est formé par nos
idées sur les phénomènes de la vie, *il est le
produit de notre intelligence*. Notre intelligence est la source d'où le bonheur provient.
C'est par l'effort de l'intelligence qu'on arrive
au bonheur. La mesure de nos idées sur le
bonheur est la mesure de notre intelligence.

Par intelligence nous entendons moins la
compréhension que la compréhension *personnelle* des phénomènes de la vie. L'homme
intelligent, c'est-à-dire l'homme supérieur est
celui qui ne s'abrite pas dans des formules
existantes, qui se distingue par la grandeur
de ses idées, de ses sentiments, surtout de ses
actes, qui a le don de créer, qui introduit dans
l'humanité un effort nouveau. L'intelligence
est une force qui implique l'harmonie des
dons, c'est une manifestation de l'énergie
humaine, c'est une volonté intellectuelle.
Voluntas et intellectus unum et idem sunt
(Spinoza). L'idée du bonheur, l'intelligence et
la volonté sont identiques. Vivre, c'est aspirer

vers le bonheur. Le désir du bonheur existe en nous comme le principe de la vie, mais il est intimement lié à notre intelligence et à notre volonté. Ainsi identifié, le bonheur en soi est le résumé qualitatif des dons naturels — intellectuels et moraux — de l'homme, l'épanouissement de l'être dans l'harmonie de ses facultés individuelles.

L'idée du bonheur en soi est souvent en opposition avec l'idée mondiale du bonheur, laquelle est le résumé quantitatif des conditions conventionnelles de la vie sociale. L'idée mondiale du bonheur se manifeste en raison inverse de l'intelligence individuelle. Au point de vue de la somme de bonheur conventionnel possible, l'existence de l'homme ordinaire offre plus de garanties que celle de l'homme supérieur. Il n'en est pas de même au point de vue du bonheur naturel. Si la sagacité de l'intelligence rend souvent impossible le bonheur au point de vue mondial, elle conduit les rares élus à un niveau de bonheur naturel tellement haut que le médiocre ne le peut entrevoir même par la pensée.

Ce sont les degrés de l'intelligence qui forment les diverses conceptions du bonheur,

car — nous l'avons déjà dit — il y a autant
de conceptions de bonheur que d'organismes
différents et d'exigences vitales, c'est-à-dire
d'intelligences différentes. Toutes ces conceptions peuvent être ramenées à deux grandes
classes : conception réaliste et conception
idéaliste du bonheur. Inutile d'ajouter que la
seule valeur scientifique de ce classement est
la possibilité de réunir les faits qui ont quelque
analogie.

PREMIÈRE PARTIE

CONCEPTION RÉALISTE DU BONHEUR.
INTELLIGENCE INFÉRIEURE

I

La conception réaliste du bonheur consiste à admettre que l'énigme de la félicité réside dans la réalisation de tels ou tels intérêts positifs, dans la possession de certains objets conventionnels. Elle peut se traduire par le mot *la richesse*, car pour la grande majorité des hommes, la richesse seule est capable de faire naître les éléments réalistes du bonheur : le pouvoir, la considération, etc.

Nous n'avons pas à examiner les principes métaphysiques de la conception réaliste du bonheur, mais à rechercher sur quoi cette conception repose positivement, ou plutôt sur quoi les hommes la font reposer.

Interrogeons les « grands » éphémères, environnés d'un faste pompeux, ayant à

leurs gages des hommes auxquels ils com-
mandent et dont tout l'emploi est souvent
d'orner le spectacle qu'ils veulent donner au
monde; interrogeons ceux qui ont l'air de
jouir. S'ils désirent être sincères, si leur
intelligence n'est pas totalement atrophiée,
ils avoueront qu'ils n'ont jamais connu la
moindre apparence de bonheur. Pourquoi?
Tous vous diront : « Nous avons passé à côté. »
Tous, depuis Ecclésiaste jusqu'aux « puissants » de nos jours. Car il est impossible
d'aborder le problème du bonheur sans se
heurter aux vieilles lamentations d'Ecclésiaste : « Je n'ai rien refusé à mes yeux de
tout ce qu'ils ont demandé, et je n'ai épargné
aucune joie à mon cœur; mais, ayant considéré tous mes biens et toutes mes œuvres
que mes mains avaient faites et tout le travail auquel je m'étais occupé en les faisant,
je m'aperçois que tout est vanité et ronge-
ment d'esprit ».

Ecclésiaste [1] n'est pas un pessimiste ; il ne

1. Nous ne faisons pas ici une étude sur Ecclésiaste ;
mais il n'est pas trop inutile de remarquer que le mot
Ecclésiaste peut ne pas designer, comme certains auteurs
le croient, le roi Salomon. *Kohéleth*, seul titre qui figure
dans le Canon de l'Ancien Testament, peut bien désigner
un auteur inconnu, homme d'esprit et d'indépendance,

dit pas, comme l'auteur de *Job* : « Je méprise
mon existence », il aime la vie, c'est un Schopenhauer résigné qui fait la tristesse avec de
la joie et de la joie avec la tristesse. Il est
généreux, exempt de préjugés ; il est sincère,
ce n'est pas en théoricien qu'il proclame la
vanité des richesses et des plaisirs : ce sont
précisément ses richesses qui l'ont découragé.
Ecclésiaste est un inquiet : « Tous les fleuves .
vont à la mer, et la mer n'est point remplie...
Ce qui a été, c'est ce qui sera ; et ce qui a
été fait, c'est ce qui se fera ; et il n'y a rien
de nouveau sous le soleil ». Ecclésiaste est
blasé. En cela il ne diffère point de nos contemporains. Vanderbild, l'un des hommes
les plus riches du monde, a avoué dans une
lettre rendue publique : « Mes dollars m'écra-
sent, je n'en recueille aucun plaisir, je n'en
retire aucun bien. En quoi suis-je plus heureux que mon voisin dans une situation
modeste ! Il goûte les vraies jouissances de
la vie : *elles me sont inconnues.* Il peut se
fier à ceux qui l'entourent ; moi, je ne puis

qui, au crépuscule de la vie, jette un regard en arrière et
consigne le résultat de ses observations, de ses expé-
riences pour l'instruction des générations futures.

me fier à personne ». Les riches, les « arri-
vés » redoutent la sincérité des gens qui les
entourent. Ils passent des moments atroces,
en proie à leur phobie. Ils ont peur d'être
trompés, ils craignent qu'on vise leur argent
ou qu'on leur demande un service quelconque.

Poursuivant une enquête sur la question
sociale, M. Jules Huret[1] fut amené à voir
M. A. de Rothschild. « J'étais là, raconte
l'auteur, depuis près d'une heure et je son-
geais à ne pas être importun plus longtemps.
Mais j'avais une question encore à poser, une
petite question à laquelle on me reproche-
rait, à coup sûr, de ne pas avoir pensé. Et je
dis :

— Votre opinion sur le bonheur, monsieur
le baron, intéresse bien des gens... On vous
croit l'homme le plus heureux de la terre
avec vos milliards... Croyez-vous que la
richesse fait le bonheur ?

Il sourit, en haussant les épaules, et les
yeux au plafond :

— Ah, non ! Ce serait trop beau... Le bonheur, c'est autre chose...

1. *Enquête sur la question sociale*, Paris, 1897.

Je regardais le baron de Rothschild de tous mes yeux, j'ouvrais les oreilles toutes grandes. Cet instant de la conversation m'apparaissait comme vraiment unique dans le cours de mon enquête. J'ajoutai :

— Aujourd'hui, la puissance des millions est énorme... Elle doit donner des jouissances infinies...

Le baron dit lentement, comme en se parlant à lui-même.

— Certes, s'il n'y avait pas quelques avantages attachés à la fortune, on ne se donnerait pas tant de mal pour la gagner... Mais le bonheur, au fond, le seul vrai, c'est le travail... »

Le mot « travail » dans la bouche d'un Rothschild fait amèrement sourire. Le fait est que la part dont le bonheur est redevable à la richesse apparaît à M. de Rothschild très restreinte. Nous n'avions pas besoin de cette confession pour le savoir, mais elle nous est précieuse. Il faut posséder un certain degré d'intelligence pour se rendre compte et avouer qu'on n'est pas heureux, phénomène rare chez les disciples de la conception réaliste du bonheur. Ils sont généralement mal préparés

pour comprendre, pénétrer la vie, les hommes
et les choses. La plupart d'entre eux se pros-
ternent dévotement devant Sa Majesté le
Veau d'Or et, dépourvus de tout jugement
sain, sont incapables d'examiner leurs sensations. Une seule idée fixe les obsède : être
riche est un grand bonheur. Et ils se procla-
ment heureux, même quand leur conscience
leur crie qu'ils ne le sont pas : on peut parvenir à tromper les autres par des affirma-
tions retentissantes, on arrive rarement à se
tromper soi-même.

Non seulement on doit nier à la richesse
le pouvoir de faire connaître le bonheur, mais
on doit lui contester sa magie dans le domaine
du plaisir. Le genre de vie des riches est là
pour prouver que les jouissances matérielles
qu'ils se procurent à prix d'or sont bornées[1].
Elles sont moins vives, moins saines, moins

---

1. Mlle Paola Lombroso a fait sur *Le bonheur des femmes*
une « enquête personnelle » (*Revue des Revues*, 1897) dont
il résulte que « contrairement à ce qu'on pourrait croire,
la richesse n'est pas un facteur important du bonheur. La
médiocrité est, bien plus que la richesse, un coefficient du
bonheur des femmes. La femme riche n'a que des satisfactions de vanité; être la mieux habillée, donner des
bals, etc. Son plaisir est passif. » Voici la conclusion de
cette enquête : 1° le mariage d'amour est un élément essentiel, décisif du bonheur : 2° une médiocre fortune contribue
plus au bonheur des femmes qu'une grande richesse.

naturelles que celles de l'homme des champs, par exemple, mangeant son pain bis, après un rude labeur au grand air. Les riches n'auront jamais la force, la santé, la franche gaîté de l'homme qui travaille et qui vit simplement. Ils ignorent aussi les jouissances intellectuelles dont nous parlerons plus loin.

Si les plaisirs exagérés que le riche recherche pouvaient avoir une limite, s'ils pouvaient lui faire connaître la vraie fin du désir et l'apaisement, on ne saurait le blâmer de les poursuivre par tous les moyens. Mais au contraire, ils créent la douleur, le tourment et finissent par prendre un caractère morbide. Enfin, il arrive un moment où le riche est tellement habitué aux jouissances qu'il ne les ressent plus ; c'est en vain qu'il s'ingénie à en chercher de nouvelles : il s'en lasse bientôt et ne sait plus en trouver. Le mal cruel engendre fatalement la mollesse qu'on nomme *l'ennui*. L'ennui est le résultat d'une longue oisiveté et le signe de décadence. Il est rattaché à la richesse. S'il y a connexité fatale, entre la richesse et l'ennui, constate le docteur Tardieu [1], c'est que l'esprit du riche

1. *L'Ennui*. (Paris. F. Alcan.)

est posé comme conditionné par sa richesse. Le riche est un oisif, un esprit vide, une âme nulle. Le riche qui travaille, joue la comédie, il ne sera jamais qu'un amateur; dès que sa fantaisie ne l'amusera plus, il changera de jeu. Le riche est l'homme de l'ennui, parce que ses mouvements ne sont pas commandés par cette nécessité d'agir qui nous donne une volonté. La question angoissante : Que vais-je faire? le met à chaque instant en face du vide, le tient en léthargie. En se détournant du travail, il esquive l'effort; n'exerçant pas ses facultés, son esprit est frappé d'un arrêt de développement. Le riche est un inculte, il n'embrasse rien d'une forte étreinte, son regard est brouillé. L'ennui du riche est fait de sa misère intérieure, de la débilité de ses désirs. Jamais il n'éprouve de sensations fortes, définitives. Ce qu'il y a de plus malade chez le riche, c'est le désir. Le riche qui s'entretient satisfait, rassasié, ne saurait avoir de besoins véritables ; abusant de jouissances faciles, à portée de sa main, que le désir n'a pas convoitées, obéissant à des déterminations fantasques, nul plus que lui n'est trompé par la réalité, déçu par la possession. La déception dans la jouissance, la détresse au sein de l'abondance, la sensation du vide dans l'instant où il paraît comblé, tels sont les éléments de l'ennui du riche. Le riche reproduit l'ataxie morale du caractère hystérique, l'instabilité morbide du déséquilibré; incité par son argent, il se croit obligé de tout désirer. Mais ces désirs qui grouillent et se combattent sont une fatigue pour l'esprit qu'ils obsèdent. Ne parvenant ni à les juger, ni à les trier, le riche entend les satisfaire tous. Et le docteur Tardieu conclut que le riche est un chasseur de fantômes, un coureur haletant de feux follets. Passif, mou, inerte, il regarde ce qu'on lui fait voir, mais il n'en gardera aucun souvenir. Toujours spectateur, jamais acteur, il envie ceux qui font un acte passionnant, incapable d'agir lui-même. Et partout et toujours l'ennui le ronge, ennui immense, découragé, lâche. Il éprouve un écœurement, un mécontentement, un malaise insurmontable, il se sent malheureux, quand l'épanouissement de sa fortune semble pouvoir lui rendre la vie douce et agréable. Rien n'amollit autant que l'ennui blasé, il détruit la virile énergie de

l'homme, il enlève au corps sa force et sa
vigueur, il atrophie, il tue l'esprit, sans
détruire la soif démesurée des plaisirs éphémères, car le culte exagéré des jouissances
est puissant, on s'en débarrasse difficilement.
On est blasé, mais on poursuit toujours le
fantôme des plaisirs. On devient indifférent
aux moyens, on se livre aux intrigues, aux
convoitises ; on laisse sa tranquillité à la
merci du hasard, et, un jour, on voit ainsi
troublés le repos et le bien-être auxquels on
a tout sacrifié. Avec la faiblesse viennent les
défaillances morales et les hontes [1]. Rien n'est
plus triste que le sort d'un homme qui a
perdu par sa faute la vigueur de son intelligence et la paix de sa conscience.

En guise de justification, les riches cherchent à confondre les jouissances malsaines,
le luxe, avec l'art. Chimère ! L'art, les jouissances pathologiques, le luxe dérivent de
principes contraires. L'objet de l'art est désintéressé, celui du luxe superflu est égoïste.
L'art poursuit la réalisation de l'idée du beau,

---

1. Il y a, sans doute, des riches qui se sont donnés à
une œuvre idéale, noble, humanitaire. Ce sont des exceptions *rares, très rares*. Nous les mettons hors de notre
thèse : elles ne font que la confirmer.

le but de l'art est de transmettre les sensations de l'artiste, le but du luxe est de
paraître, c'est-à-dire le mensonge. L'artiste
est épris de la perfection, le luxe, pour le riche,
est un élément qui brille. Le luxe dégrade
l'art ; quand l'art veut plaire à un goût blasé,
il n'évoque que des émotions grossières. Le
luxe crée des besoins mensongers, exagère
les besoins vrais, les détourne de leur but,
offre aux sens des satisfactions maladives
d'amour-propre qui enflent le cœur, mais ne
le nourrissent pas, détruit l'intelligence et
présente aux autres le tableau d'un bonheur
chimérique. Non seulement la richesse, par
les désirs qu'elle suggère et par la multitude
des plaisirs morbides qu'elle procure, détruit
l'intelligence du riche, mais le possesseur de
la richesse se détruit lui-même, car un riche
en dévore toujours un autre, et c'est ainsi
que s'établissent en fin de compte des for-
tunes si considérables, — en vue de la course
éternelle aux plaisirs, — et de gestion si com-
pliquée qu'elles échapperont nécessairement
à leurs propriétaires débordés et blasés. Mam-
mon creuse sa tombe lui-même.

Nous sommes bien loin du bonheur.

II

La richesse, — prétendent les disciples de la conception réaliste du bonheur, — ne procure pas uniquement des plaisirs malsains, elle fait naître aussi les éléments « supérieurs » du bonheur : le pouvoir, la considération. Quelle illusion !

Elles sont connues, les paroles de l'empereur Sévère. De simple soldat, il est devenu empereur romain. Il a passé par tous les degrés. *Omnia fui, et nihil accepti*, disait-il. « J'ai été de toutes les conditions, j'ai connu tous les pouvoirs, et dans tout cela je n'ai jamais trouvé un parfait bonheur. » Au lendemain de prodigieux succès et au moment où chacun semblait envier son bonheur et sa gloire, le prince de Bismarck éprouvait de singulières amertumes. Il l'avouait à Moritz Busch[1], l'un de ses rares amis : « Je

1. R. de Keudell. *Bismarck et sa famille.*

me sens l'âme triste. Je n'ai jamais, dans
ma longue vie, rendu personne heureux, ni
mes amis, ni ma famille, ni *moi-même*. Je
n'ai jamais retiré aucune joie de mes triom-
phes et je me sens l'âme anxieuse et trou-
blée... En politique, je n'ai jamais eu le temps
d'être heureux. J'ai toujours eu à lutter, et
quand j'avais vaincu, les soucis arrivaient
avec la victoire dont il fallait tirer le plus
de profit possible ».

Le pouvoir et la richesse marchent de
front, l'un consolidant l'autre, mais ni l'un
ni l'autre ne donnent le bonheur. Les origines
du pouvoir sont aussi affreuses que celles de
la richesse. Leur base est identique : la force
brutale. Le droit pour le pouvoir et la richesse
est nécessairement le droit du plus fort. La
force a souillé le berceau de tous les pouvoirs
et de toutes les richesses du monde, quelles
qu'aient été leur nature et leur forme. Peut-
on concevoir un pouvoir matériel quelconque,
sans avoir instantanément l'idée d'une règle
de conduite *imposée* à tous les êtres sur
lesquels il étend sa puissance ? Le pouvoir
est funeste non seulement à ceux auxquels
il s'impose, mais aussi à ceux qui l'imposent.

Il porte en lui, sous toutes formes, les germes
de sa ruine. Il tue les hommes supérieurs,
il n'est peut-être bon que pour les médiocres :
il leur donne l'illusion de la force. Ceux-ci
même paraissent et disparaissent avec une
telle rapidité qu'ils n'ont pas le temps de
goûter au bonheur. Leurs sensations du bonheur sont piteuses puisqu'elles ne sont jamais
stables. Le pouvoir même temporel tache la
dignité de l'homme, car avant d'arriver à la
puissance chimérique, il est obligé de se
mettre sous le joug des autres, de passer par
toutes sortes d'humiliations ; avant de devenir
maître, il est esclave, et non pas par nécessité, mais volontairement. « Quelles grâces,
écrit Eugène Delacroix dans son *Journal*, ne
dois-je pas au ciel de ne faire aucun de ces
métiers de charlatan (homme politique, ministre, etc.) qui en imposent au genre humain !
Au moins je puis en rire ! » L'amour du pouvoir et de la richesse amène la haine, la
défiance, l'orgueil maladif. On veut à tout
prix se distinguer, remporter une victoire,
s'élever au-dessus du voisin. Ne pouvant se
distinguer par des œuvres d'esprit, on se
contente d'insignes, symboles conventionnels

du pouvoir et de la force. Chaque pays civilisé a à sa disposition un assortiment com-
pliqué de petits rubans qui exercent sur les
esprits inférieurs une séduction malfaisante
et par lesquels se cultive la vanité des citoyens
dont l'intelligence se dérobe à toute appré-
ciation. Les esprits « normaux » finissent par
considérer leur propre mérite et leur pouvoir
d'après la couleur ou la grandeur du ruban
qu'ils reçoivent comme récompense de leur
bassesse. Ce sont ces rubans qui amènent
l'estime et la considération. Car les hommes
tiennent à l'estime de leurs semblables. Très
souvent pour avoir le simulacre de la considération d'autrui, on n'hésite pas à sacrifier
sa propre estime. Le principe de la plus
noble fierté consiste à être estimé par son
voisin et non par soi-même. Il est beaucoup
plus facile d'acquérir la considération des
autres que de garder celle de sa propre
conscience.

La vanité et l'ambition, les deux plus
grandes ennemies du bonheur, sont sœurs
nséparables de l'amour du pouvoir et des
listinctions conventionnelles. Comme le plai-
ir malsain, la vanité et l'ambition dégénèrent

l'homme. Si futile que soit un être humain,
il ne peut tirer le bonheur d'un tel ordre de
sentiments. Le vaniteux, l'ambitieux se déna-
ture lui-même, il évite toute démonstration
de sa véritable nature, il dissimule son
caractère ; son sort dépend toujours d'un
grand nombre d'autres individus, et pour
avoir leur suffrage indispensable à la réalisation de son dessein, il est obligé de flatter
et de mentir. Les hommes sont plus prompts
à se laisser aller à leurs travers, à leur amour
de la louange et des attentions flatteuses, qu'à
une juste estime de leurs vertus réelles. Il
n'est pas pratique de dire à ses semblables
tout le mépris que l'on a pour leurs vices ni
de les entendre blâmer les nôtres ! Le vaniteux, l'ambitieux ne parle que de morale, de
solidarité sociale, de paix universelle. La
morale théorique est, en effet, souvent
superbe, — elle n'engage à rien, — mais dès
qu'il s'agit de l'appliquer, les intérêts, les
appétits égoïstes s'éveillent, et on revient sage-
ment à la morale des conventions sociales,
c'est-à-dire au mensonge. Si le menteur se
prive lui-même de dignité, de valeur morale,
il sait bien qu'il ne se prive pas de valeur

sociale, il se diminue à ses propres yeux,
mais non à ceux de la société, sa ruse
rabaisse l'humanité au rang des espèces inférieures, mais elle lui tient lieu d'intelligence,
elle lui amène la considération universelle.
Par ruse plus que par force, il s'empare du
pouvoir, en use pour exploiter la collectivité
et, par mensonge, il cherche à prolonger cet
ordre de choses où, d'ailleurs, il ne trouve
jamais le bonheur. Le mensonge ne rend pas
heureux.

La loyauté des moyens est de peu de valeur
pour le menteur, l'ambitieux, le vaniteux,
pourvu qu'il atteigne le but et qu'il parvienne.
La seule honte, c'est de ne point parvenir.
Tous les moyens sont bons s'ils réussissent ;
il n'y a qu'une faute : la maladresse ; un mal :
l'insuccès. Et c'est ainsi qu'on élève l'hypocrisie et le mensonge à la hauteur d'une
règle de conduite, on revêt l'apparence d'une
honnêteté et d'une morale qu'on ne pratique
pas ; on contraint sa conscience à se mentir
constamment pour ne pas être obligé de se
mépriser soi-même ; on est perpétuellement
dupe de soi et des autres, on se dupe en les
dupant et réciproquement. Hypocrisie en tout

et envers tous, hypocrisie nécessaire, inévitable, inconsciente à force d'habitude, naïve dans son cynisme et presque légitime tant elle est générale. Mais l'hypocrisie ne donne pas le bonheur. On est heureux quand on peut vivre en paix avec soi-même. Celui qui n'ose pas entrer en sa conscience, ou qui y entre avec crainte, celui-là ne peut pas se dire heureux. L'hypocrite a peur de croire en sa propre pensée, il cache la moitié de son idée de peur de contrarier l'autre. L'opinion de son voisin le préoccupe davantage que la sienne propre. Il tient aux opinions et aux idées des autres, il a besoin de ce qu'il méprise, il est obligé de s'y soumettre, et s'il en a conscience, il n'est pas heureux.

Les vaniteux et les ambitieux ne sont pas heureux, même s'ils se croient, par moments, au comble de la félicité, car la vanité et l'ambition n'ont point de limites.

Les ambitieux cherchent à attirer sur eux les regards et par conséquent l'envie, mais leurs désirs montent à mesure que s'élève leur situation. Ils envient eux-mêmes autant qu'ils sont enviés; quant aux vrais éléments du bonheur, ils s'en éloignent toujours davantage : l'indépendance, la sérénité leur sont interdites. Ils ne connaissent que l'avenir, ne possèdent que l'espérance, ils ne vivent pas, ils attendent. Or, la première condition d'être heureux, c'est de vivre. Celui qui n'a que le souci de l'avenir oublie dans cette anxiété la joie de vivre, il ne tire aucun parti de la vie, il n'en jouit pas. Le bonheur, c'est « la joie de vivre », le *Lebensgenuss* de Kant. Jouir de la vie, c'est se produire.

III

La richesse et le pouvoir sont des poisons qui paralysent et détruisent l'intelligence. Le poison, avant de détruire, surexcite; c'est cette surexcitation que l'homme recherche avec ardeur. Une fois qu'elle est devenue une habitude, elle s'impose avec une telle force que rien ne peut plus la combattre. Comme les fumeurs d'opium n'ont qu'une seule idée fixe, s'enivrer de ce poison subtil, les disciples de la conception réaliste du bonheur n'aspirent qu'à une chose : la richesse et ce qu'elle procure. Ils raisonnent et agissent, mais toutes leurs pensées sont régies par l'implacable idée fixe, toutes leurs pensées sont obligées de passer par le sillon qui est creusé dans leur cerveau. La richesse, le pouvoir, la puissance matérielle, c'est la préoccupation de toutes leurs heures, les mots qu'ils ont sans cesse à la bouche, les choses qu'ils mettent au-dessus de la dignité, de l'indépendance, de l'honnêteté. Ce sont de véritables obsessions, des idées fixes morbides[1].

L'idée fixe résulte d'un raisonnement faux, d'une association d'idées vicieuses qui s'est définitivement établie dans le cerveau du malade. L'idée fixe est une sorte d'hypertrophie de l'attention réfléchie. Or, ceux qui vivent d'après la conception réaliste du bonheur sont absolument incapables de porter leur attention sur d'autres objets que la puissance matérielle ou plutôt *leur* puissance matérielle. En dehors de leurs affaires, leur attention ne fonctionne plus. La vie contemplative, les œuvres d'esprit et d'imagination leur sont inaccessibles. Leur intelligence est faible, car l'intelligence est proportionnelle au développement de l'attention. Leur idée fixe — puissance matérielle — est une sorte d'obsession toujours accompagnée d'une anxiété, d'une angoisse qui ne leur permet pas de goûter sainement une joie. Ils ne s'appar-

1. MM. Ball et Ritti classent « les idées fixes de richesse et de grandeur » parmi les conceptions délirantes susceptibles d'être observées chez les aliénés. Art. « DÉLIRE » du *Dictionnaire encyclopédique des sciences médicales*.

tiennent pas ; ils éprouvent des sentiments intenses anormaux : la combativité, la colère, la haine, la méchanceté, la violence. Ces sentiments varient de forme et de degré, suivant qu'il s'agit d'un grand financier, d'un petit épicier, d'un ministre, d'un chef de bureau. Ce sont des dégénérés dépourvus de tout pouvoir modérateur, ils n'ont pas d'empire sur eux-mêmes et entrent en fureur contre les obstacles même minimes qui leur barrent la route vers la réalisation de leur idée-obsession, ou dès qu'ils s'aperçoivent que leurs rivaux les ont devancés. Ils sont presque tous atteints d'une phobie quelconque. Les exemples abondent. Voici plusieurs observations personnelles.

M. B..., riche industriel, est atteint d'obsession du doute relative à sa richesse réelle. Il a bien la notion qu'il est riche, mais il ne peut arriver entièrement à la certitude de sa richesse réelle, il passe son temps à se demander et à demander à ses proches s'il est vraiment riche et surtout si on le croit réellement riche. Il analyse toutes ses perceptions, toutes ses idées, tous ses actes pour aboutir à cette conclusion : « Suis-je vraiment riche? Me croit-on réellement riche? » Une opération commerciale le calme pour quelques jours, peut-être pour quelques semaines, mais bientôt il se dit : « Oui, je suis plus riche que je ne l'étais la semaine dernière, ma richesse a augmenté, mais *suis-je riche?* Non. X... doit être plus riche que moi : tout le monde le sait à coup sûr. » Il lui arrive de réveiller sa femme pour lui demander : « Crois-tu que je sois vraiment riche? » Il a conscience de son état.

M. S..., boursier, a peur d'être volé. C'est une véritable obsession. Tantôt il garde ses valeurs dans un coffre-fort placé dans sa chambre à coucher, près du lit. Cela le dérange trop, il est obligé de quitter *plusieurs fois* par jour son bureau pour aller s'assurer que son coffre-fort se porte bien. Il met ses valeurs dans une banque, alors cela l'empêche de dormir. Il n'a jamais plus de dix francs dans sa bourse de peur d'être volé. Cette obsession date du jour où S... reçut un assez important héritage.

M. T..., banquier, vit dans une anxiété perpétuelle; *avant* chaque opération financière il s'imagine qu'elle n'aura pas lieu ; *après* cette

opération, il a peur qu'une circonstance
imprévue ne modifie le bon résultat de l'affaire. Cette anxiété n'a jamais de raison d'être
réelle, il n'existe aucune raison plausible aux
appréhensions de T...

Les riches et « les puissants de la terre »
sont très souvent atteints de phobophobie
(peur d'avoir peur). Ils vivent dans l'appré-
hension permanente de cette émotion. Deux
riches commerçants nous ont avoué qu'avant
de conclure une affaire, ils ont peur de manquer du courage de la conclure, c'est-à-dire
ils ont peur d'avoir peur, ce qui constitue un
cas de phobophobie. Tous les candidats à
n'importe quelle parcelle du « pouvoir » connaissent bien cette anxiété. Félix Faure[1] a
avoué que pendant son séjour en Russie, « il
savait que sa présence à la cour de Russie
devait le rendre heureux, en même temps il
avait continuellement peur de ne pas assez
montrer à l'Europe attentive qu'il avait parfaitement conscience d'être chef d'une grande
nation ». Cette anxiété empoisonnait son
bonheur.

Abdul-Hamid, le sultan turc, se réveille

---

1. *Propos d'un ami.*

brusquement, éprouvant une pénible sensation d'angoisse, et comme simple objectivation de cette angoisse, une idée, une phobie surgit dans son esprit : « Qu'est-ce que j'ai? Ne suis-je pas empoisonné ? » Et l'idée anxieuse se déroule ainsi jusqu'à ce que cesse la crise d'angoisse. Cette attaque se produit à tout propos et à chaque instant. Une chaise tombe, le sultan devient pâle, anxieux, croyant à une explosion. Toute sa vie est une anxiété latente.

L'idée fixe et l'obsession, sous toutes leurs formes, sont des états morbides qui caractérisent la dégénérescence[1]. En effet, au point de vue de l'intelligence, les hommes qui nous intéressent en ce moment, ne se distinguent point des imbéciles[2]. Dans la vie pratique, ils sont souvent d'une finesse et d'une habileté remarquables, quelques-uns parviennent à monter assez haut sur l'échelle sociale, pas par intelligence, mais par la ruse qu'on constate également chez les animaux inférieurs. Ils répètent, ils imitent, ils ne créent pas. Les génies, les poètes, les artistes, les

1. Krafft-Ebing, Magnan, Dallemagne, etc.
2. Dr Sollier. *Psychologie de l'idiot et de l'imbécile*, Paris, F. Alcan.

penseurs ne se recrutent pas parmi les riches
et les politiciens. Ils sont incapables de grands
sentiments. Dans leurs amours, c'est la vanité
ou l'intérêt qui domine. Guillaume II peut
tâter toutes les formes de l'art, il n'arrivera
jamais non seulement à créer, mais à reproduire convenablement une forme d'art déjà
existante. Les empereurs[1] et les banquiers
n'ont jamais signé que des ordres et des
chèques.

Cela peut paraître paradoxal, mais c'est un
fait que les riches et les politiciens marchent
tous sur des sentiers battus. L'homme intelligent fait sinon des événements, au moins sa
propre vie ; le riche, le politicien, c'est-à-dire
le vulgaire, subit le sort que sa naissance,
son milieu ou les circonstances lui imposent.
Ou alors, c'est par imitation qu'il donne droit
de cité dans son esprit à certaines théories
dont la réalisation lui semble indispensable
ou simplement utile à son existence et à son
bonheur. Esclave de ce qui a existé ou de ce
qui existe, le riche abdique sa propre vie éle-
vée et souveraine pour vivre de la vie des puissances qui le subjuguent et l'assujettissent :

1. Marc-Aurèle est une rare exception.

l'argent et le pouvoir. Il est esclave de la contagion sociale. Cette contagion existe, elle n'est pas visible au microscope comme le germe de la peste, mais elle existe.

Il y a une quantité d'opinions courantes dont on ne se donne pas la peine de vérifier le contenu et qui forment le vaste patrimoine d'absurdités admises, où tout le monde puise préceptes et formules.

La contagion se fait par imitation[1]. Les esprits faibles, suggestibles se laissent gagner les premiers, puis les plus forts, etc. Ce sont des malades qui subissent l'action directe d'une volonté étrangère ou simplement d'un sentiment qu'on nomme *envie*. Il y a des hommes qui veulent avoir un oiseau chez eux, parce que leur voisin en a un de même espèce, sans se demander si cet oiseau convient à leur habitation, ou même si le voisin est content du sien. L'imitation est contagieuse, elle a son principe dans l'exemple, comme la variole a son contage dans le virus qui la transmet.

Demandez à un grand chercheur d'argent ce qu'il compte faire de sa richesse, il ne le

---

1. Voy. Tarde.

sait jamais. Il ne le gagne pas pour en faire quoi que ce soit. Il le gagne pour le gagner. Tout comme au cricket, vous voulez gagner plus de points. Les points ne servent à rien, mais en avoir plus que les autres, voilà le jeu. L'argent, le pouvoir ne servent à rien, mais en avoir plus que les autres, voilà le jeu. On accomplit cela avec une sorte d'automatisme. On voit à peu près l'acte immédiat à exécuter, on ne se rend pas compte du but, et par conséquent de l'enchaînement des actes successifs. On agit comme les autres, sans s'apercevoir que les actes et les jugements de ces autres sont en continuel désaccord. Le monde vit, agit, loue, blâme sans se donner la peine de réfléchir. Le fait accompli est la seule loi qu'il admet. On ne demande plus *comment* vous êtes arrivé à telle ou telle situation, ni comment vous avez obtenu telle faveur; le fait accompli seul compte. Le monde est un tyran; mais le tyran caresse avant que d'enchaîner; c'est un trompeur, mais ses promesses engagent et séduisent. Le monde! Qu'est-ce, en somme, que le monde? Quels sont ses éléments constitutifs? Le monde est toujours anonyme et partant tou-

jours insensible aux douleurs d'autrui, il
n'apprécie que les apparences. Il est composé
des médiocres qui forment leur jugement
conformément à ces paroles de Berkeley :
« Peu d'hommes pensent, mais tout le
monde veut avoir un jugement et une opinion. » Le médiocre a l'air de savoir ce qu'il
fait, pourquoi il accumule des richesses, pourquoi il cherche le bonheur dan.. i n domaine
chimérique. Il respire à l'aise dans sa médiocrité, il n'entre pas en lutte contre lui-même,
il ne se forge pas d'idéal, il est toujours content. Mais si content de soi qu'il paraisse, le
Dr Tardieu[1] prétend qu'il s'ennuie et qu'il
n'est pas heureux. Il s'économise, il veut vivre
longtemps ; il y a chez lui de l'avare, du
pleutre, il est incapable de se donner, d'être
fasciné. La médiocrité, comme l'imbécillité,
comporte la pauvreté des conceptions, la nul-
lité de l'imagination, l'absence de l'altruisme,
la banalité des sensations. Le médiocre, suivant Helm, est le produit de l'habitude, man-
quant de fantaisie, raisonnable, orné de toutes
les vertus conventionnelles, menant une vie
honorable, grâce à la modération de ses exi-

1. *Ouv. cité.*

gences intellectuelles et morales, concevant
lentement, traînant avec une patience tou-
chante tout le fardeau des préjugés dont il a
hérité de ses pères.

Les hommes médiocres veulent toujours
avoir l'air de savoir mieux que vous ce que
vous allez leur dire ; quand ils prennent la
parole à leur tour, ils vous répètent, avec
beaucoup de confiance, comme si c'était de
leur cru, ce qu'ils vous ont entendu dire à
vous-même. Ils n'ont pas de jugements à eux.
De là tant de jugements faux toujours défa-
vorables à leur propre bonheur. Ce ne sont
pas souvent les choses elles-mêmes qui nous
tourmentent, mais le jugement que nous
nous en forgeons.

De là aussi cette multitude d'esprits étroits,
incapables de saisir l'ensemble de la vie,
butés dans la routine. Pauvres d'imagination, mesquins, ils sont durs et impitoyables
pour les misères d'autrui ; censeurs cruels de
tout ce qui peut leur faire ombrage, ils ne
reconnaissent que le sens de la vie pratique.
Leur existence est sèche, leur monde est
vide, et sans avoir usé de rien, ils sont
désabusés de tout.

« Il faut vraiment être bien résolu à la suprême indifférence pour ne pas pleurer de chagrin, de dégoût et de honte, quand on entend l'homme parler. L'homme, l'homme ordinaire, riche, connu, estimé, respecté, considéré, content de lui, il ne sait rien, ne comprend rien et parle de l'intelligence avec un orgueil désolant. Faut-il être aveugle et saoûl de fierté stupide pour se croire autre chose qu'une bête à peine supérieure aux autres. Écoutez-les, ces misérables ! Ils causent ! Ils racontent ce qu'ils aiment, ce qu'ils croient ! Il me semble que je vois en eux l'horreur de leur âme, comme on voit un fœtus monstrueux dans l'esprit de vin d'un bocal. Je sens les mots tomber de ce grenier à sottises dans leurs bouches d'imbéciles... Mais leurs idées, leurs idées les plus hautes, les plus solennelles, les plus respectées, ne sont-elles pas l'irrécusable preuve de l'éternelle, indescriptible et omnipotente bêtise ?... Quand on parcourt d'un éclair de pensée ce cercle étroit, on demeure atterré devant le néant du bonheur[1] »... Maupassant parle de ce qu'on appelle *les honnêtes gens.* Man-

---

1. Maupassant, *Sur l'eau.*

ger, boire, dormir, gagner de l'argent, rece-
voir des distinctions éphémères, voilà l'idéal
des plus raffinés et partant des plus dégénérés.

L'homme raffiné ne se distingue pas de
l'homme dégénéré, ni surtout du sauvage. Les
sauvages manquent d'habits qui les préser-
vent du froid, mais leur coiffure est ornée
d'une plume. Le sauvage tatoué, avec son
hausse-col en coquillages, avec ses joues,
lèvres, narines percées, est moins infatué,
moins vaniteux, que le riche raffiné ou le
puissant de nos jours le plus décoré ! Le luxe
africain moderne consiste dans des raffine-
ments sensuels, parures qui ornent le mâle,
la femme et la demeure de cette dernière,
sans entraîner toutefois les fantaisies maladives de goût dépravé et les excès dispen-
dieux qui déshonorent l'Occident. Le sauvage
ne se pique pas de civilisation, tandis que
nos médiocrités, au nom d'un mot encore
vide de sens — le progrès, n'aspirent qu'à
jeter de la poudre aux yeux et qu'à réaliser
leur idée fixe : la domination par la richesse
et par le pouvoir. Cette fin justifie tous les
crimes sociaux.

Toute idée fixe naît sous l'empire de sentiments mauvais et peut amener chez les individus de véritables impulsions qui les poussent
à commettre des délits et même des crimes.
Ce ne sont guère que des actes malfaisants,
des désirs morbides qui ont le don d'attirer
l'attention et de provoquer la préoccupation
des gens atteints d'une idée fixe. Tout ce qui
est utile à la société, tout ce qui intéresse la
majorité des hommes, les laisse indifférents.
Leur manque de jugement et leurs sentiments
égoïstes les empêchent de voir les malheurs
des autres, ou plutôt la vue des maux d'autrui
n'éveille chez eux que l'idée de s'en garantir
et d'en tirer profit. Ce sont des anti-sociaux,
les parasites de la société. Nous avons cité
plus haut le mot de Bismarck : « Quand j'avais
vaincu, il fallait tirer le plus de profit possible de la victoire. »

L'amour exagéré de nous-mêmes, le *self-
feeling* des Anglais, ce que Ribot appelle
« égotisme », devient facilement anti-social.
Ribot[1] compare l'homme dont le *self-feeling*
est vigoureux, à ces espèces végétales et
animales, prolifiques et vivaces, qui, à elles

1. *Psychologie des sentiments*, p. 238; Paris, F. Alcan.

seules, couvriraient toute la surface du globe ;
son expansion n'est tenue en échec que par
celle des autres. La voie qui conduit à la
pathologie est tout indiquée. Il y a d'abord
les formes semi-morbides qu'on a nommées
la folie du pouvoir. Placez un homme dans
des conditions où cette tendance à l'expansion
sans bornes ne trouve rien qui l'arrête et
elle ira jusqu'au bout ; c'est le cas du pouvoir
absolu. La folie du pouvoir est le résultat
de deux facteurs : avant tout le caractère,
c'est-à-dire la violence des appétits égoïstes ;
satisfaits, ils augmentent toujours et la
volonté, force antagoniste d'arrêt, diminue
toujours ; puis les circonstances extérieures,
l'absence de tout frein, d'un pouvoir égal
qui se dresse comme une menace. Le *self-
feeling*, sous sa forme positive, a sa dernière
incarnation dans une manifestation pathologique bien connue : le délire des grandeurs
ou mégalomanie.

Au point de vue social, le mégalomane
n'est pas moins dangereux que le parasite.
Le parasite est un être qui vit aux dépens
d'un autre, sans le détruire d'un seul coup
et sans lui rendre de services. Le parasite

n'est jamais utile, toujours nuisible. Il n'y a qu'une seule différence entre le parasitisme organique et le parasitisme social : ce dernier n'existe qu'entre les êtres appartenant à la même espèce. Les parasites organiques sont des espèces, tandis que les parasites sociaux sont des individus. Le parasitisme organique est impossible dans le cercle d'une seule espèce, le parasitisme social n'existe qu'entre des êtres vivant en société. Les parasites sociaux peuvent être divisés en plusieurs catégories : parasites propriétaires, parasites politiques, etc. Les parasites propriétaires représentent la forme idéale du parasitisme. La richesse leur advient aussi facilement que·la matière nutritive au ver solitaire ; le prélèvement capitaliste s'opère automatiquement pour ainsi dire. Le crésus américain Rockefeller, dont le revenu annuel est de 60 millions de dollars, ne peut lever le doigt, signe répondant à une durée d'une seconde, sans gagner un demi-dollar. Son moindre geste se transforme en or. Mais il a tant de conquêtes à poursuivre, tant de soucis, qu'il passe des nuits d'insomnie. Le pauvre homme se plaint à ses médecins de ne pas avoir d'appétit ! Les parasites politiques, c'est-à-dire toutes les variétés de sinécuristes, depuis les courtisans les plus dorés jusqu'aux ronds-de-cuir les plus obscurs, ne déploient pas une activité beaucoup plus utile que les parasites propriétaires. Tout au plus font-ils semblant d'exercer des fonctions soi-disant sociales.

Les parasites sociaux sont d'autant plus dangereux que la faculté d'association est très développée chez eux. Toutes les institutions sociales, depuis la famille jusqu'à la guerre scientifiquement organisée, ne tendent qu'à réaliser l'idéal d'une classe de parasites : exploiter tous, dominer tous, accaparer tout. Leur force est basée sur le mensonge conventionnel. « Bien des sectes politiques, religieuses ou autres (sociétés financières, industrielles, commerciales, etc.) reposent sur le mensonge et donnent une éducation favorable au mensonge. Il en est un grand nombre qui exigent de leurs adeptes soit une complète dissimulation, soit une constante simulation. Elles demandent au moins le silence sur leurs idées directrices, leurs mœurs, leurs pratiques, leurs décisions : il faut que les profanes ignorent ce qui se dit, ce qui se fait et ce qu'on pense dans les enceintes mystérieuses où se réunissent les initiés. Les nouveaux venus y reçoivent des leçons de dissimulation et prennent l'habitude du mensonge négatif. De plus, à cause de « l'esprit de corps » qui se développe dans ces sectes et dans les castes analogues, la vérité est travestie, les faits sont défigurés ou niés, les cas favorables mis en lumière avec excès, avec une exagération trompeuse, toutes les fois que l'intérêt collectif l'exige. On en arrive ainsi à bien des sortes de mensonges, de fraudes, de falsifications, dans l'intérêt de la secte, par respect de la tradition commune, par obéissance passive à des préceptes ou à des ordres dont on ne discute plus la valeur morale [1] ».

Il y a longtemps que Léopardi affirma que le monde était une association des coquins contre les gens les plus généreux [2]. Quand deux ou plusieurs coquins se rencontrent pour la première fois, ils savent bien vite et comme par intuition à quoi s'en tenir sur leurs

1. Duprat. *Le mensonge*, p. 81.
2. *Pensieri*, I.

comptes réciproques. Et tout de suite ils
s'entendent comme larrons en foire. Si leur
intérêt s'oppose à leur amitié, ils n'en con-
serveront pas moins une vive sympathie les
uns pour les autres et un grand respect
mutuel. Un coquin a-t-il des engagements
ou des affaires d'intérêt avec d'autres coquins ?
Il devient très souvent loyal et ne songe plus
à les tromper. A-t-il affaire à de véritables
honnêtes gens ? Il s'efforce de leur faire tort,
quand bien même il saurait que ses victimes
sont des hommes courageux. Il espère, — et
cela lui réussit presque toujours, — triom-
pher de leur courage par la ruse. On voit
souvent des hommes, se trouvant entre un
coquin et un homme loyal, se ranger par
lâcheté du côté du coquin. Les voies de
l'homme loyal sont simples et connues, celles
du coquin multiples et tortueuses, et un danger inconnu est plus effrayant qu'un danger
connu. On se préserve facilement de la ven-
geance des hommes sincères et loyaux. La
peur même et la bassesse suffisent pour s'en
garder ; mais ni la peur ni la bassesse ne
gardent contre les persécutions déguisées, les
embûches ou même les attaques ouvertes

d'ennemis sans scrupules. Aussi d'ordinaire, dans la vie de tous les jours, l'homme vraiment loyal n'est-il guère redouté, parce qu'il est dépouillé de tout artifice et de cette apparence qui rend les hommes redoutables. Souvent même on le regarde comme un timide. Les coquins, au contraire, se donnent constamment un renom d'hommes loyaux et sincères et, grâce à leurs vanteries, on les tient très souvent pour tels. La solidarité des coquins est plus grande que celle des gens loyaux.

Les parasites sociaux, les riches et les puissants, ne se marient qu'entre eux. Plus la jeune fille est riche, plus elle cherche un mari avec une grosse fortune ou une « haute » situation matérielle. Plus le jeune homme a de la fortune, plus il cherche une grosse dot. Avant de parler de mariages, on suppute les situations, il n'est jamais question de sentiments, d'amour, d'affection, de bonheur. On n'a que sourires de mépris pour les mariages d'inclination. Les parents luttent avec une ardeur jamais éteinte pour paraître au-dessus de leur fortune. Le mot que les jeunes gens entendent répéter sans cesse, c'est le mot : argent, pou-

voir. Tant pis pour eux si, plus tard, la vie leur
apprend que la richesse ne donne pas le bonheur. Les mères se soucient moins du bonheur
de leurs filles que de trouver des gendres ne
possédant pas les défauts de leurs maris, c'est-
à-dire sachant mieux « arriver » et surtout
plus vite. L'argent et le pouvoir, c'est la vertu
que tout le monde exige, c'est l'idéal vers
lequel tendent les luttes et les efforts de tous.
C'est dans ce but qu'on ment, qu'on vole et
qu'on tue, sans en tirer le moindre bonheur.
Et on qualifie ces actes *d'intelligents!* Dans
des conditions pareilles, l'intelligence est une
infirmité, une maladie sociale.

IV

Il suffit de jeter un coup d'œil sur l'histoire pour se convaincre que le parasitisme social, le luxe exagéré[1], l'abus du pouvoir marquèrent partout et toujours la dissolution du bonheur des peuples.

Le luxe égyptien, les fastes monarchiques assyriens, babyloniens, marchent côte à côte avec des inégalités, des misères effrayantes. Partout la population est divisée en classes les plus diverses, principe de corruption et source inévitable d'inégalités extrêmes. Là où la force n'agit pas, le charlatanisme fait son œuvre. « Babylone était une coupe d'or qui enivrait toute la terre; toutes les nations avaient bu de son vin, et elles en avaient été agitées[2] ». On sait à quoi attribuer sa fin tragique, comme celle de Ninive.

1. Baudrillard. *Histoire du luxe.*
2. Jérémie.

Tant que la Perse garde la pure foi de Zara-
thustra qui réside dans « le principe du bien,
lumineux, très grand et très bon, très parfait,
très énergique, éminent en pureté, possédant
la bonne science, source qui nous a créés, qui
nous a formés, qui nous a rendus intelligents[1] », elle est prospère et heureuse. Igno-
rant les temples et les autels[2], le Perse ignore
le luxe, son idéal est « de devenir lumière »,
son bonheur est de « bien vivre ». Mais le
luxe est introduit en Perse, et, avec l'abus du
pouvoir, il amène la décadence de ce peuple.

C'est aussi le luxe et le pouvoir excessif des
rajahs qui sont les causes de la décadence de
l'Inde. Mais c'est surtout l'histoire des peuples
hébraïque et grec qui nous offre une démonstration éclatante de l'influence néfaste du luxe
et du pouvoir sur le bonheur des individus
et des nations.

Le peuple israélite s'oppose d'abord au luxe.
La loi religieuse interdit tout luxe public et
se montre très sévère pour le luxe privé. « La
sagesse ne se donne guère pour l'or le plus
pur, et elle ne s'achète point au poids de

1. *Fragments de Zend-Avesta.*
2. Hérodote, I. CXXXI.

l'argent, » dit Job [1]. Et il demande « que la malédiction divine tombe sur lui, s'il a mis dans la richesse et dans le faste son orgueil et sa joie ». Suivant Ecclésiaste [2], « il n'y a rien de plus injuste que celui qui aime l'argent et le luxe; un tel homme vendrait son âme même ». La morale hébraïque est de la plus austère pureté. Les livres qui composent la Bible recommandent une vie simple, agricole. L'idéal du peuple hébreu s'exprime longtemps dans le désir de « vivre en paix à l'ombre de sa vigne et de son olivier ». Ce peuple, qui croit que les biens temporels lui sont permis, mène une vie modeste. Nous ne voyons chez lui ni or, ni argent, ni pierreries; il aime la nature, les terres fertilisées, un florissant bétail, la moisson abondante et surtout la paix, la fécondité des familles. Tous les prophètes se montrent les gardiens jaloux des traditions nationales d'égalité. « Malheur, s'écrie Isaïe, malheur à ceux qui ajoutent maison à maison, terrain à terrain ! » Tout à tous. L'héritage même est aboli. Jéhovah dit à Aaron : « Tu n'hériteras pas dans leur

1. Ch. XXXI.
2. Ch. I.

pays, et tu n'auras aucune part au milieu
d'eux. C'est moi qui suis ta part. » On supprime l'esclavage. Ce petit peuple possède
l'élément essentiel du bonheur : *la liberté*.
Mais le voisinage des autres tribus lui est
contagieux, il se laisse séduire par le veau
d'or. Il entoure de magnificences le Tabernacle. Les prêtres se vêtissent richement.
Enfin, il cherche à se donner un roi, c'est le
commencement de ses malheurs. Il n'écoute
pas les paroles admirables de Samuel : « Le roi
fera de tes filles des parfumeuses... Il prendra
les jeunes gens les plus forts et il les fera travailler pour lui. Tu crieras alors contre ton
roi et le Seigneur ne t'exaucera pas, parce que
c'est toi-même qui as demandé un roi. » Saül
est élu, le peuple juif devient esclave, mais
sa décadence date de David. Ce pasteur par-
venu oublie ses origines. Il fait ce que son
prédécesseur n'a pas osé. Il aime le luxe, la
pompe, les femmes, il désorganise la famille
jusqu'alors sacrée chez le peuple d'Israël. La
fondation de Jérusalem établit des castes,
détruit la liberté du peuple. Les hébreux
deviennent paresseux [1].

1. *Ecclésiaste*, I, XXII.

On ne dit plus : « L'homme est fait pour travailler, comme l'oiseau pour voler », ni « la sagesse ne se donne point pour l'or le plus pur ».

Salomon achève l'œuvre de son père. L'établissement d'une royauté déjà brillante avec David, fastueuse avec Salomon, ne pouvait manquer d'avoir sur les habitudes privées une influence néfaste. La vie devient plus raffinée que ne l'eussent fait supposer de longs siècles antérieurs d'une existence normale. Le luxe privé atteint un développement inouï. Les intelligences périssent. Le peuple hébraïque est perdu. Sans doute il retrouvera plus tard une certaine prospérité, mais sa fin est proche. L'œuvre libératrice des Machabées n'assure qu'une indépendance précaire, elle n'a pas de lendemain. Viennent la domination romaine et le luxe romain. On reconstruit le temple. Quelle magnificence : des portiques, des colonnes, de l'airain, du marbre, de l'or !... Le peuple hébraïque est perdu. Il va commencer sa course éternelle à travers l'univers. Le luxe des grands amène la persécution des petits.

Le joug égyptien a été moins néfaste au peuple juif que le luxe et l'abus du pouvoir

des rois qu'il s'était librement donnés. De son
esclavage en Égypte est né Moïse, créateur de
Dieu unique. C'est à ses rois qu'il doit ses
misères et son existence errante. David et
Salomon ont détruit le bonheur de ce vail-
lant peuple pastoral.

Faut-il parler de la grandeur et de la décadence d'Athènes ? Si, chez les Grecs, à certaines
époques florissantes, l'art pur et le sentiment
du beau librement interprété font connaître
une félicité sans pareille, c'est à des folies
luxueuses qu'ils doivent leur décadence. C'est
en vain que Platon, Xénophon et d'autres penseurs poursuivent et attaquent les mœurs avi-
lies, corrompues, le mépris effronté des idées
morales. Épicure lui-même se déclare l'en-
nemi du faste. L'instinct de ces philosophes
ne se trompe pas : Athènes périt.

Au milieu d'une efflorescence de génies et
de gloires de toutes sortes, au sein même
d'une grandiose prospérité, on remarque déjà
des signes de décadence. La démocratie incline
vers la démagogie, l'amour de la liberté se
change en licence, l'émulation en envie,
l'amour de l'égalité en haine contre toute
supériorité intellectuelle et morale. Au temps

même de la grandeur d'Athènes, le peuple
condamne Miltiade, bannit Aristide et Thé-
mistocle. L'argent devient le nerf de la politique. En avoir beaucoup et le distribuer à
propos est le premier des talents. Les chefs
de la République s'appliquent à s'approprier
les revenus du trésor public, pour faire ensuite
d'abondantes distributions destinées à entre-
tenir le zèle de leurs partisans et à acheter
leurs adversaires. Voler beaucoup pour beaucoup donner, et beaucoup donner pour conserver la faculté de voler, tel est le premier
principe que doit mettre en pratique un ambitieux. Ce système est si bien passé dans les
mœurs, que personne ne songe à s'en plaindre.
Le bon Plutarque, après avoir raconté que
Cimon l'Athénien n'avait aucune fortune, lui
adresse les plus grandes louanges pour sa
générosité princière, sans le critiquer le
moins du monde d'avoir puisé dans la caisse
de la République l'argent qu'il distribuait à
ses amis.

La corruption fait des progrès effrayants et
les derniers survivants de Marathon sont les
témoins attristés de l'effondrement des mœurs
publiques. Nous trouvons chez les auteurs

comiques grecs un tableau saisissant de cette
Athènes sceptique et frondeuse, qui marche
à sa ruine le rire aux lèvres et la tête cou-
ronnée de fleurs. La décadence d'Athènes s'accuse de plus en plus. C'est l'abus du pouvoir
et le luxe, le luxe sensuel, qui hâte sa dissolution... Platon, nourri des entretiens de
Socrate, élève la pensée à une sublime hauteur ; Démosthène réalise le type le plus parfait de l'orateur. Mais ni les dissertations
savantes ni l'éloquence ne peuvent réveiller
la morale endormie...

C'est ainsi que dans l'histoire on voit souvent des peuples briser eux-mêmes leur propre
bonheur.

V

Nous ne nous sommes pas écarté de notre sujet. Nous avons voulu indiquer sommairement l'influence néfaste de la richesse démesurée sur le bonheur des nations. Oui, le luxe, le pouvoir mal compris sont impurs dans leurs sources, immoraux dans les formes qu'ils prennent, et leurs abus monstrueux détruisent tous les ressorts d'une organisation sociale, le bonheur des individus et des peuples. L'état de la société actuelle en est la démonstration la plus éclatante. Les pays où le luxe et l'abus du pouvoir sont le plus accentués sont ceux où la décadence morale atteint les sommets les plus hauts, où les individus et les classes sont trop dégénérés, trop malades pour pouvoir éprouver un plaisir sain, une joie pure, un bonheur vital durable.

Le riche, le puissant de nos jours n'est pas

heureux. L'argent et la force conventionnelle étant tout dans la société, il n'a plus rien à désirer, il n'a plus de but dans la vie, il sent autour de lui un vide que rien ne peut combler.

Et puis, la misère autour du riche est toujours trop grande. Non pas qu'elle éveille sa pitié, — point : la pitié ne lui est pas accessible, — mais *les autres*, les accablés, les humiliés commencent à sortir de leur torpeur. Les puissants et les riches tremblent d'être surpris dans leurs jouissances... Ils ont peur de tout, surtout de la pensée qui se réveille. L'acte, ils le répriment ; la parole, ils l'étouffent ; mais la pensée qu'on ne voit pas, qu'on n'entend pas et dont le progrès silencieux est immense, prodigieux, la pensée est l'ennemie insaisissable des riches et des puissants... On ne peut pas être heureux dans un état pareil. Regardez les grandes villes, foyers contagieux des vanités et des vices, parcourez quelque cité industrielle, descendez dans une mine, jetez un regard dans nos « salons », et dites si ce que vous voyez ne dépasse pas tout ce que les prêtres les plus féroces ont imaginé de l'enfer. Partout l'excès de la pauvreté et l'excès de la richesse, l'excès de la force et l'excès de l'impuissance, l'excès de servitude et l'excès de caprice, l'excès du superflu et l'excès de dénûment, une fabuleuse science et une ignorance fabuleuse, le travail le plus pénible et la jouissance sans effort, tous les genres de beauté et de splendeur et la plus profonde dégradation de l'existence et de l'être, — voilà le caractère de notre société actuelle[1]. Tous les jours, les plus émouvantes tragédies, fruits de ces contrastes, se passent sous nos yeux, sans que nous en puissions prévenir le retour, et nous sommes obligés de nous dire que, chaque jour, à chaque heure, des hommes privés des choses les plus nécessaires à la vie, périssent rapidement ou lentement, tandis que tout près d'eux, la portion mieux favorisée de la société regorge de superflu et de bien-être. Visitez les districts manufacturiers et « la haute » classe de la société qui « s'ennuie », cela vous suffira bien pour comprendre la Richesse et le Bonheur contemporains, pour voir, près des tables surchargées, la Faim à l'œil cave subir la silencieuse torture; pour voir, à côté de tous les genres de luxe et d'arro-

1. Voy. Büchner. *L'homme selon la science.*

gance, le Dénûment sans espérance se blottir, craintif et anxieux, pour voir aussi les Oppressés se réveiller...

Comment un pareil état de choses peut-il créer le bonheur? Est-il permis, est-il possible même aux plus inconscients d'être heureux si d'autres autour d'eux gémissent? Seule une classe qui se mettrait au service de la collectivité et de la civilisation, pourrait être tranquille dans son for intérieur ; mais elle est malheureuse, malgré toutes les apparences de bien-être, lorsqu'elle traîne après elle les plaintes des désespérés. Comment une intelligence peut-elle produire des choses saines quand elle met un morceau d'or au-dessus de l'amour, de la justice, de la solidarité, de la nature ?

Est-il possible, se demande Thomas Morus [1] au commencement du xvi⁰ siècle, qu'un homme pouvant tous les jours contempler les astres et la beauté du soleil, puisse avec quelque plaisir repaître ses yeux de la lueur fugitive de ces petits morceaux de cristal ou de roche qu'il nomme pierres précieuses? Se peut-il qu'il se rencontre des êtres assez dépourvus

1. *L'utopie.*

de sens et de raison pour se croire plus nobles, plus excellents que leurs semblables, parce qu'ils sont couverts d'un drap plus fin et plus rare ? Vous adorez l'or ; mais ce métal, par la nature de sa trempe, ne peut vous être d'aucune utilité ; s'il a quelque prix, c'est vous qui le lui avez indiscrètement donné. Ce prix est fictif, ce n'est qu'une valeur conventionnelle et relative à vos besoins.

Cependant cette matière est aujourd'hui en si haute vénération chez tous les peuples de la terre qu'on ne rougit point de la préférer à l'homme même. Regardez ce sot, enseveli dans sa crasse ignorance : il tient sous sa dépendance et à ses gages des hommes sensés et vertueux, des sages et des gens de talent. A quel titre leur commande-t-il ? Sur quoi fonde-t-il ses droits ? Sur son coffre-fort. Sa richesse est tout à la fois la base de son stupide orgueil et de son injuste domination. Ce qui irrite, ce qui révolte, c'est de voir rendre les respects, « les honneurs » à un homme auquel on ne doit rien. On fléchit le genou devant lui parce qu'il a de l'or, de l'argent !

Notre conception de l'homme est-elle si

basse que nous jugions notre bonheur assuré
dès que nos jouissances matérielles sont satis-
faites? Non, non, le bien-être illimité, les
plaisirs excessifs, les petits calculs égoïstes
rendent lâches, avares, maladifs, stériles, ils
ne rendent pas heureux. Tous ces genres de
bonheur auxquels les hommes se livrent sont
totalement opposés au vrai bonheur. Ils ne
peuvent satisfaire que les natures petites,
inférieures, n'étant pas encore sorties de l'animalité. Elles seules ne cherchent qu'à profiter des médiocres jouissances qui sont à leur
portée. La nature et la raison condamnent
et rejettent les plaisirs que poursuivent
tous ces hommes aveugles; ils se repaissent
d'illusions, ils donnent aux choses le degré
de valeur qui leur plaît, mais il ne dépend
pas d'eux de changer aussi facilement l'essence qu'ils changent la dénomination. Tous
les désirs déréglés, tous les appétits fougueux,
toutes les jouissances maladives ne sont point
la vraie félicité; loin de nous rapprocher
d'elle, ils ne font que l'éloigner de nous, ils
la détruisent même entièrement.

Les hommes se disent : nous voulons ignorer
ce que nous devons savoir et ne pas l'appro-

fondir, nous ne voulons pas être plus éclairés
que nous le sommes ; nous trouvons dans
nos ténèbres un si grand contentement, que
nous sommes ravis d'y demeurer. Ils prennent leur contentement auto-suggestif d'eux-
mêmes pour le bonheur, et s'ils se plaignent,
c'est de n'être pas heureux d'après leur
mérite.

Par certaines évaluations, certaines
moyennes, établies d'après une méthode à
nous, nous déterminons une espèce de moyenne
quote-part terrestre, qui, nous figurons-nous,
nous appartient naturellement et d'impres-
criptible droit. C'est le simple payement de
nos gages, la rétribution de nos mérites ; il
n'y a lieu ni de remercier, ni de se plaindre :
nous ne considérons comme le Bonheur que tel
excédent possible ; tout déficit en revanche est
le malheur. Considérez maintenant que nous
fixons nous-mêmes la valeur de nos mérites
personnels, et quel fonds de suffisance il y a
dans chacun de nous, — et étonnez-vous que
la balance tombe si souvent du mauvais côté,
et que maint imbécile crie : « Voyez le beau
payement ; en usa-t-on jamais de la sorte avec
un homme de mérite !» — « Tout cela, niais,

répond Carlyle[1], provient de ta vanité, des illusions que tu te forges sur tes mérites. Suppose que tu mérites d'être pendu, et tu regarderas comme un bonheur de n'être que fusillé ». Pauvres esprits ! « A considérer l'homme sérieusement, dit Pascal[2], il est encore plus à plaindre de ce qu'il peut se divertir à des choses frivoles et basses que de ce qu'il s'afflige de ses misères effectives. »

L'ivresse passagère fait déserter au médiocre le terrain solide sur lequel il est possible de fonder le bonheur. Le bien extérieur qu'il prend pour le bonheur n'a qu'une valeur accidentelle. Le bonheur est en dehors des richesses et des dignités conventionnelles, le bonheur en soi est désintéressé. Celui qui nous vient du dehors a peu de prix ; il ne dépend pas de nous ; il peut nous être enlevé d'un moment à l'autre. Les sources du vrai bonheur sont, avec les sources de la vie, en nous.

Malheureusement les hommes n'ont pas l'habitude de rentrer en eux-mêmes : ils ne l'osent pas ; au lieu d'y trouver la paix et la

---

1. *Sartor Resartus.*
2. *Misère de l'homme.*

sérénité, ils n'y rencontreraient que confu-
sion. Aussi ils n'apaisent pas la soif du bonheur qui les dévore, ils la trompent. Et c'est
la grande majorité, la plèbe. La plèbe n'est
pas là où l'on croit. On la trouve à tous les
degrés de la hiérarchie sociale. La plèbe est
tout ce qui pense, vit et agit bassement. Le
bonheur et l'intelligence ne dépendent aucune-
ment du rang qu'on occupe arbitrairement
dans la société.

Laissons les riches et les puissants éphémères. Passons à ceux qui possèdent un autre
idéal de bonheur, plus haut, plus noble, à
ceux qui ont d'autres raisons de vivre et d'être
heureux, raisons plus pures, plus véritable-
ment humaines.

DEUXIÈME PARTIE

CONCEPTION IDÉALISTE DU BONHEUR
INTELLIGENCE SUPÉRIEURE

I

La conception idéaliste du bonheur consiste
à admettre que la félicité ne réside pas dans
la possession d'objets extérieurs déterminés,
mais dans le monde intérieur, c'est-à-dire
dans le domaine des sensations, des sentiments, des idées[1]. La sensibilité est sa
base principale. La sensibilité est la véri-

1. Nous ne nous occuperons pas dans notre *Esquisse* du
« sentiment religieux ». Pendant longtemps les prêtres
ont bercé les humains avec des chansons surnaturelles.
Chercher le bonheur dans l'ordre extra-terrestre est une
théorie chimérique, absurde, nuisible. Sous prétexte d'assurer le bonheur dans « un autre monde », l'Église tend
à le rendre impossible en celui-ci. On ne peut étudier le
sentiment religieux qu'au point de vue pathologique, et
ce n'est pas là notre tâche. (Consulter particulièrement
Dr Santenoise, *Religion et folie*, in Revue philosophique,
1900, et Murisier, *Les maladies du sentiment religieux*, Paris,
1901). — La question : « Qu'est-ce que le bonheur? » ne
peut être comprise que dans le sens de la vie terrestre, la
seule qui existe.

table source du bonheur; d'elle découlent
toutes les satisfactions qui le procurent. La
sensibilité est une fin en elle-même et non
pas un moyen. Sensibilité et bonheur sont
inséparables. La sensibilité contient l'idée de
l'amitié, de l'affection, de l'amour, du dévouement, de la bonté : sentiments les plus
propres à remplir le cœur de l'homme de
sublime félicité. Elle contient aussi les
germes de l'art et de la pensée, elle crée
l'élite de l'humanité : amants, poètes, artistes,
penseurs. La finesse de la sensibilité donne
à ceux qui en sont doués un bonheur d'une
élévation et d'une pureté qu'ignorent les
médiocres. C'est dans l'amour, dans l'art,
dans la pensée que l'homme trouve le bonheur. Chacun de ces trois éléments du bonheur possède sa puissance particulière, mais,
au fond, ils sont rarement séparables. Ribot[1]
constate que l'analogie, forme imparfaite de
la ressemblance, supposant entre les objets
comparés une somme de ressemblances et de
différences à proportions variables, comporte
nécessairement tous les degrés. A un bout le
rapprochement se fait entre des similitudes

1. *L'Imagination créatrice*, p. 24 ; Paris, F. Alcan.

vaines ou extravagantes. A l'autre bout, l'analogie confine à la ressemblance exacte. Dès
lors, rien d'étonnant si l'imagination est souvent un substitut et, comme le disait Gœthe,
« un avant-coureur de la raison ». Entre
l'amour, l'imagination créatrice et la recherche rationnelle, il y a une communauté de
nature. L'amant est artiste et penseur sans
s'en douter. Si l'artiste et l'amant ne savent
pas formuler leurs « idées », ils les sentent.
Chez eux *sensation* et *idée* sont synonymes.
Quant au philosophe, l'amour et l'art fleuris-
sent toujours dans son jardin. Dans sa contemplation de l'univers il embrasse *le tout* de
la vie, souvent, il est vrai, d'une manière
purement objective, ce qui fait croire qu'il *ne*
sait pas aimer. C'est aussi la raison pour
laquelle les philosophes ne sont pas toujours
aimés. « Nous nous contentons, dit M. Fouillée[1], d'admirer leur force intellectuelle, la
puissance de leur esprit tourné tout entier
vers la tâche scientifique ou autre, qu'ils ont
seuls comprise ; il y a une sorte d'estime
froide, une déférence indifférente qui tient sa
place, à côté des sentiments de sympathie et

1. *Tempérament et caractère*, p. 105.

d'affection, dans les rapports des caractères
les uns avec les autres. » On n'aime pas les
intelligences froides, tout absorbées dans la
vision ou la recherche des vérités scientifiques, parce qu'on n'aime pas leur manière
d'aimer. M. Fouillée remarque avec raison
que nous avons tort de ne pas aimer un
savant pour son amour de la science et pour
son ardeur à chercher la vérité : Dis-moi ce
que tu aimes, et je te dirai ce que j'aime
en toi. Au fond, l'intellectuel qui semble le
plus indifférent ne l'est pas ; si rien ne l'intéressait, il ne comprendrait rien. Les savants,
les vrais, les désintéressés, sont généralement
très aimants, mais les cœurs les plus aimants
sont ceux qui sont le moins aimés. L'expérience et l'observation font naître la méfiance.
Les âmes vouées aux plus nobles principes
deviennent souvent exigeantes et rudes, à
force de déceptions. On peut leur appliquer
ce mot de Nietzsche : « Tout grand amour *ne
veut* pas l'amour — il veut davantage ». Il
ne suffit pas au savant d'être aimé ; il veut
aussi être compris. Le savant ne se donne
pas souvent entièrement de crainte d'être
méconnu ; être méconnu par ceux qu'on aime

est une très grande souffrance. On peut en
dire autant des artistes : l'art et l'amour
sont chez eux indivisibles.

« Laquelle de ces deux puissances, se
demande Berlioz[1], peut élever l'homme aux
plus sublimes hauteurs : l'amour ou la
musique? C'est un grand problème... Pourquoi séparer l'un de l'autre? Ce sont les deux
ailes de l'âme. » Berlioz aurait pu dire : « Ce
sont les deux ailes de la *pensée.* » « Je ne
puis concevoir l'esprit de la musique résidant
autre part qu'en l'amour, — écrit R. Wag-
ner[2]; — la musique est l'amour du cœur
dans la plénitude de son bouillonnement,
l'amour qui ennoblit la volupté, qui huma-
nise la pensée abstraite. »

Tous les grands poètes nous montrent
l'amour comme l'élément principal du bonheur. Dante déclare franchement que son
inspiration poétique et philosophique lui
vient de son amour infini pour Béatrice. La
Laure de Pétrarque apparaît comme la source
de tout bonheur, de toute félicité, de tous les

1. *Mémoires*, p. 504.
2. *Gesammelte Schriften und Dichtungen*, IV, p. 395, et
III, p. 99.

bienfaits et de tous les sentiments supérieurs
de la nature humaine. « C'est d'elle, avoue
l'illustre poète, que me vient la pensée ; c'est
d'elle que me vient le noble courage me
menant vers les cieux où règne la lumière
éternelle. »

Pascal[1], observateur profond, affirme que
l'homme est né pour penser : aussi n'est-il
pas un moment sans le faire ; mais les pensées pures, qui le rendraient heureux s'il pouvait toujours les soutenir, le fatiguent et
l'abattent. C'est une vie unie à laquelle il ne
peut s'accommoder; il lui faut du remuement
et de l'action, c'est-à-dire qu'il est nécessaire
qu'il soit quelquefois agité des passions dont
il sent dans son cœur des sources si vives et
si profondes. Les passions qui sont le plus
convenables à l'homme et qui en renferment
beaucoup d'autres sont *l'amour* et l'ambition[2]... Nous naissons avec un caractère
d'amour dans nos cœurs qui se développe à
mesure que l'esprit se perfectionne... Som-

1. *Discours sur les passions*, éd. Lescure.
2. On est étonné de voir Pascal introduire *l'ambition*
dans le cycle des « passions qui sont le plus convenables
à l'homme ». Dans tous les cas, il est certain qu'il s'agit
ci de l'ambition idéaliste, désintéressée.

mes-nous au monde pour autre chose que
pour aimer? « On a beau se cacher, l'on
aime toujours ; dans les choses mêmes où il
semble que l'on ait séparé d'amour, il s'y
trouve secrètement et en cachette, et il n'est
pas possible que l'homme puisse vivre un
moment sans cela. *Il faut qu'il trouve un
second pour être heureux[1]. »*

« Charme de l'amour, s'écrie Benjamin
Constant dans son *Adolphe,* qui pourrait te
peindre? Cette persuasion que nous avons
trouvé l'être que la nature avait destiné pour
nous, ce jour subit répandu sur la vie, et qui
vous semble en expliquer le mystère, cette
valeur inconnue attachée aux moindres circonstances, ces heures rapides, dont tous les
détails échappent au souvenir par leur douceur même, et *qui ne laissent dans notre âme
qu'une longue trace de bonheur,* cette gaîté
folàtre qui se mêle quelquefois sans cause à
un attendrissement habituel, tant de plaisir
dans la présence et dans l'absence tant de
désespoir, ce détachement de tous soins vulgaires, *cette supériorité sur tout ce qui nous
entoure,* cette certitude que désormais le

1. Pascal, *ouv. cité,* 9.

monde ne peut nous atteindre où nous vivons, cette intelligence mutuelle qui devine chaque pensée et qui répond à chaque émotion, charme de l'amour, *bonheur de l'amour*, qui vous éprouva ne saurait vous peindre !... J'aimai, je respectai mille fois plus Éléonore après qu'elle se fut donnée. Je marchais avec orgueil au milieu des hommes ; je promenais sur eux un regard dominateur. L'air que je respirais était à lui seul une jouissance. Je m'élançais au-devant de la nature, pour la remercier du bienfait espéré, du bienfait immense qu'elle avait daigné m'accorder. »

Pourquoi ce témoignage d Adolphe, c'est-à-dire de Benjamin Constant, serait-il pris en moindre considération que l'affirmation de Schopenhauer réduisant l'amour à une manifestation de l'instinct sexuel, ou que la thèse de Hartmann[1] d'après laquelle « la félicité que l'amant rêve dans les bras de l'amante n'est que l'appât trompeur dont l'inconscient se sert pour donner le change à l'égoïsme de la réflexion, et le disposer à sacrifier son intérêt propre aux intérêts de la génération future : ce que la pensée réfléchie ne se déci-

1. *Philosophie de l'inconscient*, t. I. p. 260.

derait jamais à faire ». Hartmann ignore
sans doute que « la pensée réfléchie » est
arrivée à pouvoir sacrifier les intérêts de la
génération future au plaisir égoïste individuel. La raison a vaincu l'inconscient.

Les aliénistes[1] de nos jours dépassent,
démesurément, Schopenhauer et Hartmann.
Ils considèrent l'amour comme un état pathologique ou un stigmate de dégénérescence
mentale. L'un d'eux, M. Pierre Janet[2], déclare
fous ou malades ceux qui aiment. Pour lui,
la passion ressemble beaucoup plus qu'on ne
se le figure généralement à l'impulsion et,
pendant un moment, rabaisse notre orgueil
en nous mettant au niveau des fous. La passion proprement dite, celle qui entraîne
l'homme malgré lui, ressemble tout à fait à
une folie, aussi bien dans son origine que
dans son développement et dans son méca-
nisme. La passion ne dépend pas de la volonté
et ne commence pas quand nous le voulons.
M. Janet ne trouve pas exacte l'affirmation
courante que l'amour est une passion à
laquelle l'homme est toujours exposé et qui

1. Ball, Pitres, Magnan, etc.
2. *Automatisme psychologique*, p. 466.

peut le surprendre à un moment quelconque
de sa vie, depuis quinze ans jusqu'à soixante-
quinze. Pour lui, l'homme n'est pas toute sa
vie, à tout moment, susceptible de devenir
amoureux. Lorsqu'un homme est bien portant
au physique et au moral, qu'il a la possession facile et complète de toutes ses idées, il
peut s'exposer aux circonstances les plus
capables de faire naître en lui l'amour, il
ne l'éprouvera pas. Les désirs seront rai-
sonnés et volontaires, n'entraînant l'homme
que jusqu'où il veut bien aller et disparais-
sant dès qu'il veut en être débarrassé. Au contraire : *qu'un homme soit malade au moral,*
que par suite de fatigue physique ou de travail intellectuel excessif, ou bien après de
violentes secousses et des chagrins prolon-
gés, il soit épuisé, triste, distrait, timide,
incapable de réunir ses idées, déprimé en un
mot, *et il va tomber amoureux* à la première
et à la plus futile occasion. La moindre chose
nous frappe alors et devient le point de départ
d'une longue *maladie amoureuse.*

. Confondre l'amour avec l'instinct sexuel[1],

---

1. Le sentiment de l'amour comme la sensibilité volup-
tueuse se manifestent à un âge très tendre où les éléments

c'est le flétrir, c'est lui enlever la grâce éternelle dont l'homme a tant besoin, c'est amoindrir et abaisser la nature qui est moins égoïste que l'homme. La passion morbide trouble la conscience, dégrade la pensée, l'amour naturel nous élève moralement.

Ribot[1] est plus bienveillant pour le sentiment de l'amour. Il admet que chez l'immense majorité des animaux et *souvent chez l'homme*, l'instinct sexuel n'est accompagné d'aucune émotion tendre. L'acte accompli, il y a séparation et oubli. Bien mieux, dans certains cas, il y a plus que de l'indifférence, il y a hostilité ; les mâles de la reine-abeille sont mis à mort comme inutiles et l'on sait que le mari de l'araignée court souvent le risque d'être dévoré. Mais, pour Ribot, « l'amour sexuel correspond à une forme plus haute de l'évolution ». Car, outre l'instinct, il suppose l'adjonction à un degré quelconque de sentiments tendres. Chez l'homme, surtout civilisé, la complexité de cette émo-

reproductifs sont encore bien loin de la maturité. (Dante devint amoureux à l'âge de neuf ans, lord Byron à sept ans.) Cette sensibilité persiste chez les vieillards après le déclin de la propriété reproductrice.

1. *Psychologie des sentiments.*

tion est extrême. Ribot fait sienne la définition, assez claire, que Spencer[1] donne de cette
complexité : « Aux éléments psychiques de
l'instinct sexuel s'ajoute le sentiment complexe que nous nommons *affection*, il y a
aussi le sentiment d'admiration, respect ou
vénération qui, en lui-même, a un pouvoir
considérable, et qui, dans le cas actuel, devient actif à un très haut degré. A cela il faut
ajouter le sentiment appelé *amour de l'appro-
bation*. De plus il y a aussi un sentiment de
l'estime de soi. Dans le sentiment de l'amour
est impliquée une grande liberté d'action.
A l'égard des autres personnes, notre conduite doit être contenue, car autour de chacun il y a certaines limites délicates qu'on
ne peut dépasser; il y a une individualité
dans laquelle nul ne peut pénétrer. Mais
dans le sentiment de l'amour, les barrières
sont renversées, le libre usage de l'individualité d'un autre nous est concédé, et ainsi est
satisfait l'amour d'une activité sans limites.
Finalement il y a une exaltation de la sympathie : le plaisir purement personnel est
doublé, en étant partagé par un autre; et les

1. *Psychology.*

plaisirs d'un autre sont ajoutés à nos plaisirs purement personnels. Tous ces sentiments excités chacun au plus haut degré et tendant, chacun en particulier, à réfléchir son excitation sur chaque autre, forment l'état psychique compe que nous appelons l'amour. Et comme cl   r de ces sentiments est en lui-même très complexe, vu qu'il réunit une grande quantité d'états de conscience, nous pouvons dire que l'amour fond en un agrégat immense presque toutes les excitations élémentaires dont nous sommes capables; et que *de là résulte son pouvoir irrésistible.* »

En dehors des aliénistes et des psychologues, ce sont « les riches et les puissants de la terre » dont nous avons déjà parlé, qui, incapables de comprendre les mots « idéal » et « désintéressement », raillent le sentiment de l'amour. Croient-ils, avec leurs cœurs desséchés par l'égoïsme et les petitesses prosaïques, accomplir dans leur vie une œuvre plus digne que celle de ces « fous » auxquels l'amour rend l'univers plus vaste et plus beau? Jamais les formes extérieures, toutes conventionnelles, dont ils revêtent leurs « amours » n'atteindront la noblesse des sentiments sincères.

Et qu'importent les railleries à ceux qui savent vraiment aimer ! Chacun de leurs pas est imprégné de grâce et de bonté. L'amour les rend non seulement plus heureux, mais encore meilleurs et plus libres que vous, qui les raillez ! Vous avez besoin de l'hypocrisie pour cacher le vide de vos cœurs ; les leurs sont trop pleins de tendresse pour pouvoir dissimuler leur bonheur. Ce ne sont pas vos sacs d'or qui enseignent l'abnégation, le désintéressement, la pitié, le pardon. Vos convenances vous remplissent de froid et de glace, vous ignorez les joies, les frissons de l'amour, source de la vie et du bonheur.

L'amour se venge de ceux qui veulent s'en passer. « Ma jeunesse, raconte Flaubert[1] , a été fort belle *intérieurement*. J'avais des enthousiasmes que je ne trouve plus, hélas ! des amis qui sont morts ou métamorphosés, une grande confiance en moi, des bonds d'âme superbes, quelque chose d'impétueux dans toute la personne. Je rêvais l'amour, la gloire, le beau. J'avais le cœur large comme le monde et j'aspirais tous les vents du ciel. Et puis, peu à peu je me suis racorni, usé,

---

1. *Correspondance*, 3ᵉ série, p. 108.

flétri. Ah! je n'accuse personne que moi-même! *J'ai pris plaisir à combattre mes sentiments et à me torturer le cœur. J'ai repoussé les ivresses humaines qui s'offraient.* Acharné contre moi-même, je déracinais l'homme à deux mains, deux mains de force et d'orgueil. De cet arbre au feuillage verdoyant je voulais faire une colonne toute nue pour y poser tout en haut, comme sur un autel, je ne sais quelle flamme céleste... Voilà pourquoi je me trouve à trente-six ans si vide et parfois si fatigué. »

Le Flaubert de cette lettre n'est pas le même qui écrivit : « La muse, si revêche qu'elle soit, donne moins de chagrins que la femme. Je ne puis accorder l'une avec l'autre Il faut opter[1]. » Il opta pour la muse et regretta plus tard d'avoir banni l'amour de son existence. L'homme qui déracine son cœur déracine sa vie.

En cherchant le bonheur en dehors de l'amour, l'homme rapporte tout à son *moi*; dans l'amour, sous ses formes naturelles, tout est sacrifice, tout est oubli de soi dans le dévouement sans bornes, tout est bonté ;

1. *Lettres à George Sand.*

c'est dans l'être aimé que nous puisons nos
joies, c'est par lui que nous connaissons le
bonheur. Le plus grand bonheur, c'est de
renoncer, volontairement, par amour, à son
bonheur pour le bonheur de quelqu'un.
L'amour vit de dévouement et de sacrifices.
C'est par là que se révèle l'essence même de
l'amour. Aimer, c'est s'identifier avec l'objet
aimé, son caractère individuel sympathisant
avec le nôtre, au moins sous un rapport
dominant, selon une qualité maîtresse. Aimer,
c'est s'adapter, c'est-à-dire s'associer intimement à un autre être, fibre par fibre, cœur à
cœur, pour se perdre et se confondre en lui,
pour vivre dans l'être aimé, par l'être aimé,
avec l'être aimé, et s'adapter ainsi davantage.
Dans l'amour, on est plus heureux de ce
qu'on donne que de ce qu'on reçoit. On est
moins heureux quand on est aimé que lorsqu'on aime. Aimer, c'est vouloir le bonheur
de la personne aimée.

Il s'agit ici du sentiment de l'amour dans
son sens le plus large et le plus naturel,
dépourvu de toute convention mensongère.
Il s'agit aussi de ne pas confondre la passion-
instinct avec l'amour. L'excitation perpé-

tuelle et anormale de l'instinct sensuel, la
déviation de la fonction naturelle n'est pas
de l'amour. L'homme doit vivre conformément
à la nature, c'est-à-dire à la raison. « On ne
triomphe de la nature qu'en obéissant à ses
lois », dit Bacon. Quand l'indépendance de
la raison est menacée par les passions exa-
gérées, il faut constamment lutter contre elles,
et c'est le triomphe de la raison qui constitue
le premier principe du bonheur. La passion
tient aux sens et à l'imagination passagère. La
passion promet le bonheur mais elle ne le
donne pas, elle trouble la vie, en la remplissant
d'amertume. L'homme agité par la passion se
dévore lui-même. « La sensualité, dit Michel-
Ange, est un désir effréné qui tue l'âme, et
non de l'amour. L'amour a le pouvoir de
rendre les âmes parfaites [1]... »

Si la passion proprement dite est fatale
au bonheur, l'amour en est la source iné-
puisable, car, contrairement à la passion, il
n'exclut ni l'estime, ni l'amitié, il ne détruit pas l'empire sur nous-mêmes. Pour

---

1.   Voglia sfremata è'l senso, e non amore,
    Che l'alma uccide ; amor può far perfetti
    Gli animi qui...
                    Michel-Ange (*Poésies*).

Épicure, sans amitié, nous ne pouvons en
aucune manière posséder le bonheur solide
et durable. Or, l'amitié n'est possible que
dans un mutuel dévouement et dans une
estime mutuelle : la passion les détruit,
l'amour les fortifie. L'amour basé sur l'amitié,
l'estime et le dévouement est pour l'homme
un bonheur et une cause de fierté morale ;
loin de signifier le contraire de la sagesse, il
conduit à un état de haut et bel équilibre, il
se transforme en communion de deux êtres.

« Deux personnes, dit quelque part Guy de
Maupassant, ne se pénètrent jamais jusqu'au
fond des pensées ; elles marchent côte à côte
enlacées parfois, mais non mêlées et l'être
moral de nous reste éternellement seul pour
la vie. La parole ne peut jamais dire tout ce
que nous sentons, il reste toujours en nous
quelque chose, souvent le meilleur, qui est
incommunicable. » Certes, tout homme arrive
seul dans ce monde ; tout homme en sort
seul. Le bonheur consiste précisément dans
l'effort, dans le *vouloir* de deux êtres de se
pénétrer. On ne se comprend pas toujours
d'un seul coup. Il y a des sympathies spontanées, il y en a aussi de lentes. Il n'y a rien

de plus beau qu'une sympathie spontanée, irrésistible et divinatrice, annonçant l'accord secret de deux êtres. Il suffit d'un mot, d'un regard, d'un geste d'admiration pour que deux étrangers, vibrant du même frisson, pressentent la parenté mystérieuse de leurs esprits. Mais cette sympathie spontanée n'est point supérieure au sentiment qui évolue lentement vers une sorte de transmigration réciproque de deux personnes dans une substitution mutuelle de leur *moi*.

L'amant heureux se demande comment il a pu vivre, quand il ne connaissait pas encore l'être aimé. Il trouve la force de vaincre tous les obstacles. « Sais-tu que je t'adore, écrit une amoureuse à son amant, et que je meurs d'écouter battre ton cœur dans ma poitrine et de sentir ta vie courir dans mes veines. Ton amour me consume, mais je suis heureuse divinement. Nous nous aimerons malgré tout, malgré tous. Ni ma vie, ni le monde, ni les hommes, plus rien n'existe hors l'amour immense qui m'agenouille devant ta force toute de douceur et d'enchantement.

« Bonheur insensé qui te compares au mien, où es-tu ? Lois et préjugés, arrachez-moi le cœur, vous n'empêcherez pas qu'y demeure immuable et souveraine l'image de mon amant. »

Une autre écrit à son ami emprisonné, accusé d'un crime, flétri par tout le monde :

« Sois fort, mon amour. Ne songe qu'à une chose, c'est que tu as encore devant toi des années de délices. Tu es mon âme, mon amour, mon sang, ma vie ; je t'aime, mon Pierre, je t'aime ! Que t'importe le jugement des hommes? Que peut te faire même leur mépris et leurs injures, si, auprès de toi un cœur de femme bat et vibre, si, après les meurtrissures, tu as mes lèvres pour panser tes blessures, mes bras pour te retenir prisonnier à jamais, ma vie pour te combler de toutes les griseries, de toutes les ivresses que mon amour dément te réserve? Pour moi, tu n'as aucun défaut. Serais-tu couvert de boue, serais-tu hué par tout le monde que je serais heureuse et fière d'être appuyée à ton bras. Le monde? Je le méprise et le hais !... Moi seule connais ton âme, moi seule sais apprécier ton cœur, moi seule, enfin, mon amour éperdument aimé, t'aime, t'adore, comme jamais homme ne fut aimé !... Je t'aime et je suis heureuse ! »

Et combien de fois l'amant est si malheureux de la perte de la personne aimée qu'il en meurt !

(Un seul être nous manque et tout est dépeuplé[1]) M. Proal[2] constate que dans les lettres des amants malheureux qui se suicident, on trouve souvent cette pensée : « La vie sans vous est insupportable. Je préfère la mort. » Hémon se tue sur le tombeau d'Antigone. Phèdre ne survit pas à l'indifférence d'Hippolyte. On préfère mourir si l'on ne peut pas s'unir pour la vie. *On est heureux quand on peut mourir ensemble*. Sans parler de Sophronie et d'Olinde[3], de Roméo et de Juliette, la chronique judiciaire nous en offre des preuves nombreuses et éclatantes. Lorsque le Dr Bancal et Mme X... songèrent à se tuer ensemble, ils écrivirent à un ami commun pour le prier de les réunir après leur mort dans une bière commune. Mme X... lui dit : « Vous aurez la bonté de vous rendre à l'hôtel aussitôt après avoir reçu cette lettre, vous nous trouverez morts... n'ayez pas de chagrin pour nous, nous mourrons bien heureux... »

1. Lamartine.
2. *Suicide et crime passionnels*, p. 14. (Paris, F. Alcan).
3. Le Tasse.

Bancal de son côté avait écrit à son ami :
« Je tiens beaucoup à être à côté de mon amie,
nos os se confondront ; *c'est une pensée qui
me sourit*... Nous n'avons plus que six à sept
heures à vivre et nous sommes aussi calmes
que si nous devions nous coucher pour nous
réveiller demain dans les bras l'un de l'autre...
Je vois l'éternité avec autant de plaisir que si
j'assistais à un de ces beaux spectacles de la
nature dont j'ai pu jouir quelquefois[1]... »
Dans l'amour on est aussi heureux de mourir
ensemble qu'on l'est de vivre ensemble. « Je
suis heureuse, écrit George Sand à Sainte-
Beuve[2], lui parlant de Musset, très heureuse,
mon ami. Chaque jour je m'attache davantage
à *lui* ; chaque jour je vois mieux briller les
belles choses que j'admirais... Son intimité
m'est aussi douce que sa préférence m'est
précieuse... Après tout, voyez-vous, *il n'y a
que cela de bon sur la terre.* »

Oui, rien n'égale le bonheur du cœur qui
aime. Paradoxe ? Peut-être, mais paradoxe
admirable qui illumine la vie et fait envisager
la mort même avec sérénité.

---

1. Cité par Proal.
2. *Portraits contemporains*, p. 516.

II

Le bonheur que procure l'amour ne peut rivaliser qu'avec celui qu'offrent l'art et la science. L'amour, l'art, la science nous transportent, nous font vivre dans des régions élevées, nous arrachant aux côtés étroits et mesquins de la vie. Rien ne lasse d'aimer, de penser, de produire, rien ne fatigue dans cette éternelle source d'émotions et d'idées. L'élément spéculatif est le plus noble de ceux qui constituent la pensée. La méditation nous offre les consolations les plus fortes et les plus doux apaisements. « Aimer, inventer, admirer, voilà ma vie », confesse A. de Vigny[1]». L'amour, l'art, la pensée sont les bases de l'épanouissement complet de l'homme et en même temps la réalisation suprême de cette fin qu'on nomme le bonheur. « Je n'é-

1. *Journal d'un poète.*

prouve jamais de joie plus pure que lorsque
j'écris, » avoue Gœthe[1]. « Je crois, écrit Gounod[2] à sa mère à l'âge de treize ans, que dans
la carrière des arts il existe un bonheur réel,
constant, une consolation intime, qui doit
compenser ce qui arriverait de moins heureux.
Pour moi, l'homme qui seul avec son art, sa
science et sa pensée peut être heureux, celui-
là est l'homme dont le sort est à envier.
Ainsi, il y a plusieurs sortes de bonheurs. Un
homme est riche ; il a des équipages, des
biens, il possède tout ce dont la fortune peut
combler ses plus grands favoris. Que cet
homme perde ses places, ses honneurs, ses
dignités, et adieu le bonheur !... Mais quand
un homme s'est acquis des talents supérieurs,
une science dont il a approfondi l'étude, c'est
une fortune qu'il est sûr de conserver ; elle
est son ouvrage, elle ne dépend de personne
que de lui. » Gounod ne changea jamais d'o-
pinion. Plus tard, sa carrière musicale presque
terminée, il note dans ses *Mémoires* : « Pour
moi la musique est une compagne si douce
qu'on me retirerait un bien grand bonheur si

1. *Mémoires*, t. II, p. 297.
2. *Mémoires d'un artiste.*

on m'empêchait de la sentir. Oh ! qu'on est heureux de comprendre ce langage divin ! C'est un trésor que je ne donnerais pas pour bien d'autres. » Il suffisait à Berlioz[1] d'exécuter mentalement l'adagio de la *sixième symphonie* pour tomber dans une « extase de bonheur et pleurer toutes les larmes de son âme en écoutant ces sourires sonores comme les anges seuls en doivent laisser rayonner. » Le travail de composition littéraire s'accompagnait chez Dumas fils d'un grand sentiment de jouissance : pendant qu'il écrivait, il était de meilleur humeur, il mangeait, buvait, dormait davantage ; « c'était en quelque sorte un bien-être physique et moral », résultant de l'exercice d'une fonction naturelle. Lorsqu'il travaillait, A. Daudet sentait un surcroît de chaleur vitale lui monter au cerveau ; il était pris, envahi par son sujet et se mettait à écrire avec fièvre, « avec bonheur ». Rien ne l'arrêtait ; l'encrier était vide, le crayon était cassé, peu importe, il écrivait toujours, et toujours il sentait un surcroît de chaleur vitale qui le rendait heureux[2]. « Quand je

1. *Lettres intimes*, p. 217.
2. Binet et Passy. *Année psychologique*, 1894.

travaille, les fatigues, les veillées, les soucis
incessants non seulement ne m'affaiblissent
pas, mais donnent à mon esprit, à mon cœur
et à mon corps une trempe d'acier. Je me
trouve fort heureux [1] ».

Les savants disent la même chose. « J'éprou-
vais un si grand bonheur de travailler, écrit
Buffon, que je passais douze heures à l'étude :
c'était tout mon plaisir. En vérité, je m'y
livrais bien plus que je ne m'occupais de la
gloire. » Ni l'indigence, ni les épreuves
domestiques, rien n'arrêtait Kepler dans ses
recherches scientifiques. Quand, après un
travail acharné, il parvint à formuler les
célèbres lois astronomiques qui portent son
nom, il écrivit, dans un accès d'ivresse intellectuelle : « Après dix-huit mois, j'ai aperçu
la première lueur. Depuis trois mois, le jour
a lui. Depuis quelques jours, le plein soleil
de la plus admirable contemplation m'a illu-
miné. J'ai dérobé les vases d'or des Égyptiens
pour élever, bien loin des frontières d'Égypte,
un tabernacle à mon Dieu. Le sort en est jeté :
j'écris mon livre. Qu'il soit lu par mes con-

1. Foscolo. *Épistolario*, t. III, p. 13.

temporains ou par la postérité, qu'importe! Pourquoi n'attendrait-il pas cent ans son lecteur, puisque Dieu lui-même a attendu six mille ans un contemplateur[1]? » Après la publication de son ouvrage, Képler déclarait que toutes les richesses ne valaient pas à ses yeux le plaisir ressenti par lui en composant son travail[2]. « Je suis extrêmement heureux, déclare Pasteur en 1847 : je compte publier prochainement un travail de cristallographie[3]. » Il répète cette phrase très souvent dans sa vie laborieuse. « Je ne crois pas, raconte Renan[4], qu'il y ait eu, dans la mesure de conscience que comporte maintenant notre planète, beaucoup d'êtres plus heureux que moi. J'ai eu une soif vive de l'univers. Le scepticisme subjectif a pu m'obséder par moments ; il ne m'a jamais fait sérieusement douter de la réalité ; ses objections sont par moi tenues en séquestre dans une sorte de parc d'oubli ; je n'y pense jamais. Ma paix d'esprit est parfaite. D'un autre côté j'ai

---

1. Cl. Frisch. *Joannis Kepleri opera omnia*, vol. V, p. 269.
2. Bayle. *Dictionnaire*.
3. Vallery-Radot. *La vie de Pasteur*.
4. *Souvenirs d'enfance et de jeunesse*, p. 373 et 362.

trouvé une bonté extrême dans la nature...
Je n'ai jamais cherché le succès ; je dirais
presque qu'il m'ennuie. Le plaisir de vivre
et de produire me suffit... Tout pesé, si j'avais
à recommencer ma vie, avec le droit d'y faire
des ratures, je n'y changerais rien ».

Léopardi, dès sa triste jeunesse qui allait
le conduire à travers les angoisses de l'amour
muet, de l'orgueil humilié sous toutes ses
formes, à travers les lentes menaces d'une
mort toujours prochaine, au calme dédaigneux
du nihilisme, Léopardi trouvait dans la contemplation intellectuelle des moments de
bonheur. « Le seul moyen de n'être pas
malheureux, disait le pessimiste Flaubert à
Le Poittevin, c'est de t'enfermer dans l'art et
de compter pour rien le reste. » En effet, si
même l'art et la pensée n'apportent rien, ils
épargnent beaucoup.

« Consolez-vous, dit-on, dans l'amour de
la science et des arts. Mais on ne voit donc
pas, s'écrie Maupassant[1], que nous sommes
toujours emprisonnés en nous-mêmes, sans
parvenir à sortir de nous, condamnés à traî-

1. *Sur l'eau*, p. 60.

ner le boulet de notre rêve sans essor. Nous ne savons rien, nous ne voyons rien, nous ne pouvons rien, nous ne devinons rien, nous n'imaginons rien, nous sommes enfermés, emprisonnés en nous. Et des gens s'émerveillent du génie humain ! Les arts ! La peinture consiste à reproduire avec des couleurs les monotones paysages sans qu'ils ressemblent jamais à la nature... Les poètes font avec des mots ce que les peintres essayent avec des nuances... »

Sans doute, la nouveauté est dans l'esprit qui crée, et non pas dans le sujet qui est peint, mais la nature a mis en dépôt dans les grandes imaginations et les grands esprits plus de nouveautés à dire sur ses créations, qu'elle n'a créé de choses. Le même Maupassant, qui se plaint que « la pensée de l'homme est immobile », avoue que « pourtant il est doux de penser quand on vit seul[1]... Sur ce petit bateau que ballotte la mer, qu'une vague peut emplir et retourner, je sais et je sens combien rien n'existe de ce que nous connaissons, car la terre qui flotte dans le vide

---

1. *Ouv. cité.*

est encore plus isolée, plus perdue que cette
barque sur les flots. Leur importance est la
même, leur destinée s'accomplira. Et *je me
réjouis de comprendre* le néant des croyances.
et la vanité des espérances qu'engendra notre
orgueil d'insectes ! » Le bonheur des intellectuels est là : *comprendre* ou chercher à
comprendre. Tous les artistes, tous les penseurs, s'ils sont sincères avec eux-mêmes,
éprouvent et avouent, sous des aspects différents, la jouissance de comprendre et de
traduire par des nuances et des mots.

Le bonheur de penser et de produire est
un des plus grands, des plus sublimes de la
vie. La lumière qui éclaire notre cerveau fait
jaillir sur nous des jouissances que la masse
ne goûtera jamais. Il y a une telle volupté
dans le travail de l'esprit qu'elle peut embel-
lir toute une vie et consoler de toutes les
misères qui nous blessent sur notre route.
Les poètes, les artistes, les penseurs le savent ;
ils connaissent des ivresses ignorées du reste
des hommes, et c'est en elles qu'ils puisent
leur bonheur, leur force, leur noble fierté.
Beethoven a le droit de dire : « Les princes et
les rois peuvent faire des conseillers secrets,

au gré de leur caprice ; ils peuvent leur sus-
pendre au cou des rubans et des ordres, mais
leur volonté ne suffit pas pour créer un Gœthe
ou un Beethoven. C'est pourquoi ils nous
doivent le respect. »

III

Le bonheur de l'amour, comme celui de la pensée, se traduit, s'exprime par la souffrance. Il ne s'agit pas ici du plaisir de la douleur, sentiment anormal, morbide, qui se manifeste exclusivement chez les êtres pervers et dégénérés. Dans le domaine émotionnel et intellectuel, le bonheur et la souffrance morale) se confondent. L'amour inassouvi, l'amour trahi, toutes les crises du délaissement et de l'abandon, tout le répertoire *douloureux* de l'amour est du domaine du bonheur. On souffre et on est heureux. Parlant de son amour pour Miss Smithson, Berlioz[1] écrit : « Je ne faisais absolument rien que souffrir. » Werther dépeint ainsi à Wilhelm le bonheur que lui procure son amour pour Charlotte : « Je suis dans un

1. *Mémoires.*

état où doivent s'être trouvés les malheureux qu'on croyait jadis possédés du malin esprit. Parfois cela me saisit : ce n'est pas l'angoisse, ce n'est pas le désir, c'est une sorte de tumulte intérieur inconnu, et qui menace de faire éclater ma poitrine. » Voici comment Adolphe[1] décrit son bonheur et celui d'Éléonore : « Une fureur insensée s'empara de nous : tout ménagement fut abjuré, toute délicatesse oubliée. On eût dit que nous étions poussés l'un contre l'autre par des furies. Tout ce que la haine la plus implacable avait inventé contre nous, nous nous l'appliquions mutuellement, et ces deux êtres malheureux, qui seuls se connaissaient sur la terre, qui seuls pouvaient se rendre justice, se comprendre et se consoler, semblaient deux ennemis irréconciliables, acharnés à se déchirer. *Je souffrais et je n'étais pas malheureux :* son bonheur m'était nécessaire, et je me savais nécessaire à son bonheur. »

Mlle Lespinasse sait que son amant, M. de Guibert, la trompe, elle s'en indigne, elle souffre, et elle aime « à mourir. » Ses *Lettres* sont des cris de douleur et de bonheur. « Je

1. Benjamin Constant. *Ouv. cité.*

n'ai pas besoin de vivre et j'ai besoin de vous
aimer, écrit-elle à Guibert. Vous me mépri-
seriez que je trouverais encore en moi de
quoi vous aimer... La mort vient à ma pensée
vingt fois par jour et mon âme n'ose concevoir l'idée de vous aimer moins... Vous m'a-
vez fait le mal le plus profond et le plus aigu
qui puisse affliger et déchirer une âme honnête... Vous avez tout rempli. Le passé, le pré-
sent et l'avenir ne me présentent que douleurs,
regrets et remords. Eh bien, je pense, je vous
juge, et je vous aime. Je n'ai le droit de rien
exiger de vous ; car *mon souhait le plus ardent
est que vous ne fassiez rien pour moi.* » Et
quelques jours plus tard, elle le supplie de
venir : « *Je vous attends, je vous aime,* je
voudrais être toute à vous, être heureuse et
mourir après... Pourrais-je vous dire tout *le
bien et le mal* que vous me faites ? Je suis si
pénétrée de l'impression que je reçois de vous,
que je ne puis plus être *heureuse* ou *malheureuse* que par vous. J'aime, je jouis, je crains,
je souffre... J'ai tant joui, j'ai si bien senti le
prix de la vie, que, s'il fallait recommencer,
je voudrais que ce fut aux mêmes conditions.
Aimer et souffrir. Le ciel et l'enfer, voilà à

quoi je me dévouerais... J'aime avec toutes
les facultés de mon âme, de mon esprit, avec
l'air que je respire. Je souffre pour aimer,
j'aime pour souffrir, j'aime pour vivre et je vis
pour aimer[1]. »

Mlle Lespinasse appartient au grand siècle
des amoureuses. Voici ce qu'écrit à son amant
une bourgeoise du commencement du xx[e]
siècle[2] :

« Je t'ai quitté heureuse surhumainement,
tu n'en doutes pas, mon aimé, n'est-ce pas ?
Tu vois bien, tu sens bien l'agenouillement
de tout mon être devant toi, la reconnaissance infinie de ma chair vibrante sous tes
baisers et de mon âme éprise éperdument. Tu
sais bien que tu es ma vie, ma seule raison
d'être. Tu sais que je t'aime et je sais que tu
m'aimes ! *Et pourtant je souffre atrocement !*
Tant que je suis près de toi, je sens mon
bonheur d'une façon si intense que j'en oublie presque l'instant proche de la séparation,
ou tout au moins j'essaie de prendre par mes
yeux, par mes lèvres et par mon cœur, assez
de toi pour continuer seule mon rêve.

1. *Lettres de Mlle Lespinasse*, 1809.
2. *Le Figaro*, 3 mars 1903, Gazette des tribunaux.

« Hélas ! à peine t'ai-je perdu de vue, que je redeviens nerveuse, inquiète, *malheureuse*. Maintenant, surtout, plus que jamais ! J'ai peur, vois-tu, et je suis sans courage devant les heures sombres que je pressens. Que va m'apporter demain ? Quelle peine, même légère, t'aura-t-on faite, dont je souffrirai, dont je veux souffrir avec toi ? Donne-moi grande, mon ami, mon amant, ma part de ta vie, de tes joies, de tes douleurs, de tes douleurs surtout ! *Pleurer avec toi, c'est du bonheur encore* et sans doute celui qu'on me disputera le moins. Ne m'en veuille pas de te parler ainsi...

« ...Rien n'est vrai, rien n'est bon que ton amour. Je t'aime et je t'aime : et voilà ma vie. Serre-moi contre toi bien fort. Nos poitrines se touchent et nos cœurs battent fort l'un contre l'autre... Ah ! que je meure ainsi tout en ton amour, sous tes lèvres et tes baisers...

« ... Avoir la suprême joie de mourir dans tes bras, c'est le plus cher de mes vœux, l'inespéré... Quitter la vie, mes lèvres sur ta bouche — quel bonheur !... »

Et ce post-scriptum éloquent par son laconisme termine la lettre : « Je souffre et je suis heureuse. »

« Dans ta lettre, pauvre cher aimé, écrit la même amoureuse, quelle souffrance surhumaine, quel désespoir infini, torture si semblable à la mienne en tous points que les mêmes cris de douleur jaillissent de ma gorge oppressée. Je souffre, je te fais souffrir à mon tour, toi que je voudrais heureux parmi les bienheureux, mon doux ami, ma vie, mon amour! Sais-tu bien que, malgré tout, malgré tous, mon corps t'appartient avec mon cœur et ma vie, à toi seul. »

Faut-il rappeler l'histoire de George Sand et d'Alfred de Musset? On se déchire, on se quitte, on se reprend, on se maudit, on s'adore, on souffre du désir d'être heureux, on fait souffrir, parce qu'on veut rendre heureux, on se torture l'un par l'autre et on connaît l'un par l'autre des heures douloureuses et sublimes de bonheur.

Il en est de même pour les poètes, artistes, philosophes. La cause de leurs souffrances est dans leur bonheur même, dans leur talent, dans la nature sensible qu'il implique, qui fait vibrer leurs nerfs.

Le travail de l'imagination et de la pensée ne se règle pas comme la tâche d'un homme de bureau, d'un commerçant ou d'un banquier. Ni l'idée, ni la forme ne se révèle à l'artiste, au penseur, avec une spontanéité fulgurante. Le plus souvent elle ne se dégage que par une élaboration lente et réfléchie, par une série de tâtonnements. Une phrase, une pensée, une ligne traverse l'imagination, l'esprit, on la note à la volée, sous sa forme embryonnaire ; l'heure venue, on la reprend, on la travaille, on la pétrit dans tous les sens. Lentement et par une série d'essais superposés on arrive à la construction matérielle de l'image ou de l'idée. Avant la réalisation définitive, on ne se sépare jamais de son sujet, car il n'y a pas d'heure pour la conception, on y pense jour et nuit, on y pense avec fièvre, avec douleur, avec bonheur.

Même durant les temps d'improduction, qu'on peut comparer aux heures de doute des vrais croyants ou aux lassitudes de l'amour, l'artiste, le penseur est divinement inquiet : une nouvelle œuvre germe en lui, s'élabore, s'enfante. Ce qu'on nomme l'inspiration ne vient pas par une filière mystérieuse. L'homme de génie, ou simplement l'homme de talent n'est plus considéré comme un vase d'élection dans lequel un dieu vient, à l'heure propice, déposer ses présents célestes. L'inspiration est chose beaucoup moins impersonnelle ; elle ne se manifeste d'ordinaire que sous l'effort constant de la pensée. Elle éclate souvent brusquement, il est vrai, mais en jaillissant des ténèbres accumulées dans le cerveau, par un travail latent, comme l'éblouissement de l'éclair jaillit du sombre amoncellement des nuages.

L'enfantement intellectuel est douloureux. « Le besoin d'écrire, dit Byron, bouillonne en moi comme une torture dont il faut que je me délivre. » Legouvé[1] reconnaît que la faculté dominante de Berlioz était celle de souffrir. Chez A. de Musset l'invention et l'exécution sont pénibles. « L'invention me trouble et me fait trembler, l'exécution, toujours lente à mon gré, me donne des battements de cœur, et c'est en pleurant et en me retenant de crier que j'accouche d'une idée qui *m'enivre*. Elle me presse et me tor-ture, jusqu'à ce qu'elle ait pris des proportions

1. *Soixante ans de souvenirs.*

réalisables et que revienne l'autre souffrance, celle de l'enfantement, une vraie souffrance physique que je ne peux définir. Et voilà comment ma vie se passe quand je me laisse dominer par ce géant d'artiste qui est en moi[1]. » Dans la *Confession d'un enfant du siècle*, Musset parle encore de cette souffrance, « dont pour rien au monde il ne voudrait se séparer, car il y puise son bonheur ».

Flaubert affirme qu' « il est plus facile de devenir millionnaire et d'habiter les palais vénitiens pleins de chefs-d'œuvre que d'écrire une bonne page... Peu d'hommes, dit-il, auront autant souffert que moi par la littérature. Tous souffrent, plus on est personnel, plus on souffre ». Et Flaubert ajoute : « Avez-vous remarqué comme nous aimons nos douleurs ? Nous ne valons peut-être quelque chose que par nos souffrances, car *elles sont toutes des aspirations*. Il y a tant de gens dont la joie est si immonde et l'idéal si borné, que nous devons bénir notre malheur, s'il nous fait plus digne[2]. »

Le peintre souffre quand il cherche à mettre

1. George Sand. *Elle et lui*, I.
2. *Correspondance*, 3e série, p. 105 et 106.

sur la toile l'image rêvée. Le philosophe
souffre avant de sortir vainqueur de tous les
tourments, avant d'arriver à la douce quiétude objective, à cette harmonie intérieure
qui lui fait goûter le bonheur. Il souffre et
il est heureux en même temps. Son travail
absorbe ses forces au-dedans, il creuse, des-
sèche et pâlit son front, mais il lui fait comprendre la vie. Dans la pensée, c'est le mouvement qu'il cherche, la vie intense, fût-elle
même douloureuse.

« C'est une erreur de croire, dit Durkheim [1],
que la joie sans mélange soit l'état normal de
la sensibilité. L'homme ne pourrait pas
vivre s'il était entièrement réfractaire à la tristesse. Il y a bien des douleurs auxquelles on
ne peut s'adapter qu'en les aimant, et le
plaisir qu'on y trouve a nécessairement
quelque chose de mélancolique. La mélancolie n'est donc morbide que quand elle tient
trop de place dans la vie ; mais il n'est pas
moins morbide qu'elle en soit totalement
exclue. Il faut que le goût de l'expansion
joyeuse soit modéré par le goût contraire ;

---

1. *Le suicide*, p. 418.

c'est à cette seule condition qu'il gardera la mesure et sera en harmonie avec les choses. »

La tristesse, la souffrance de l'artiste et du philosophe n'est point l'abattement fiévreux d'un lendemain d'orgie, c'est une douleur méditée, faite d'aspirations découragées, de solitude, une douleur grave et pudique qui, loin de se plaire aux cris de détresse, se tait dans ses moments d'exaspération et ne veut point se donner en spectacle, c'est une douleur supérieure qui conduit à la perfection. Seules les âmes d'élite éprouvent de telles tristesses et un tel désir de se perfectionner. C'est une douleur souriante. La souffrance n'est pas la destinée de l'homme, mais elle est la source où l'homme supérieur doit se tremper pour mieux comprendre le bonheur.

L'aspiration constante vers l'idéal que nous portons en nous fait souffrir. On souffre de la richesse des images, des émotions, des sentiments, des idées, de l'ampleur de l'imagination, du débordement des impressions. Il y a des moments où tout est certitude, d'autres où l'on doute de tout. Concevoir

des chefs-d'œuvre, des systèmes, des doc-
trines, et les sentir s'évanouir quand on
veut les réaliser, n'est-ce pas une douleur !
On travaille, et il semble qu'un voile mysté-
rieux va se lever. Quand on arrive au bout,
ce qu'on a voulu faire semble petit ; le voile
reste, on veut le déchirer, on fait un nouvel
effort. Cet effort fait souffrir, et c'est cet effort
qui est le bonheur. Cette agitation inquiète,
cette ardeur dévorante, cette commotion de
l'être tout entier qu'on cherche à traduire
par des images, des sons, des mots, c'est là
le bonheur. C'est alors que Faust s'écrie :
« O moment, demeure, tu es beau ! »

D'abord inquiet, sous le coup de l'éblouissement, puis emporté par l'irrésistible impulsion d'une force nouvelle, l'artiste, le penseur
s'élève jusqu'aux sphères les plus hautes de
la pensée ou de l'image. Ses forces vitales
semblent doublées, il ressent un plaisir déli-
cieux. L'émotion croissant en raison directe
de l'énergie ou de la grandeur des idées produit bientôt une agitation étrange dans la
circulation du sang. La sensation atteint un
tel degré de vivacité qu'elle se caractérise
par *la souffrance*. C'est par cette faculté de

souffrir qu'on est grand artiste, grand poète, grand penseur ; grâce à cette surabondance de sensibilité, l'imagination et la pensée entraînent vers l'idéal le plus élevé : le bonheur.

IV

Les hommes supérieurs sont heureux par
leurs souffrances ; ils souffrent parce qu'ils
portent en eux un bonheur qu'ignore la
foule. Ils souffrent par le doute que leur inspire leur propre supériorité, ils souffrent du
contact du vulgaire, ils souffrent des hom-
mages qu'on leur rend ou du peu d'attention
qu'on leur témoigne. Pour une âme délicate,
tout contact avec le monde réel est déjà une
souffrance. Les grands esprits, dans la philosophie comme dans les lettres et les beaux-
arts, sont toujours des êtres isolés que l'hébé-
tement de la grande majorité du genre humain
fait souffrir.

L'isolement intellectuel est généralement
le partage de l'homme qui cultive l'art ou la
pensée. La parole n'a aucune importance à
côté de la pensée qui est en nous et qui

s'affirme souvent en silence. Ce qu'il y a de
plus beau dans l'homme, c'est cette pensée
silencieuse. Les plus grandes découvertes,
les meilleures œuvres ont été faites dans le
silence, dans la retraite. Le silence éternel
et les espaces infinis n'effrayent que les
hommes médiocres.

La solitude attire les âmes aimantes et
vraiment supérieures. Les amoureux aiment
la solitude, parce qu'ils peuvent y songer à
l'objet de leur amour. Mme de Staël [1] ne fut pas
la première à trouver que la solitude est le
premier des biens pour le philosophe. C'est
au milieu du monde que souvent ses réflexions,
ses résolutions l'abandonnent, que les idées
générales les plus arrêtées cèdent aux
impressions particulières. Dans la retraite,
le philosophe n'a de rapports qu'avec le
monde des idées ; les douces sensations
que celles-ci lui inspirent l'aident à penser
et à vivre. Non seulement vivre seul est le
meilleur de tous les états, parce que c'est le
plus indépendant, mais encore la satisfaction
qu'on y trouve est la pierre de touche du
bonheur dont la source est si intime, qu'alors

1. *De l'influence des passions.*

qu'on le possède réellement, la réflexion
rapproche toujours plus de la certitude de
l'éprouver. « Oh ! fuir ! fuir les hommes et se
retirer parmi quelques élus, élus entre mille
milliers de mille »! s'écrie A. de Vigny [1].
« Je méprise le monde qui ne comprend pas
que la musique est une révélation sublime,
qu'elle est le vin qui inspire les créations nouvelles, écrit Beethoven. — Moi, je suis Bacchus
qui pressure pour les hommes ce nectar déli-
cieux ; c'est moi qui leur donne cette ivresse
de l'esprit. *Je n'ai pas d'amis, je suis seul avec
moi-même ;* mais je sais que Dieu est plus
proche de moi dans mon art que des
autres [2]. »

Michel-Ange aimait la solitude, menait
une vie retirée et méditative, « mais il n'é-
tait jamais moins seul que quand il était
seul », nous apprend son biographe Vasari [3].
On a tort d'accuser l'illustre artiste de misan-
thropie ; le génie a besoin de tranquillité et de
solitude, autant que de fermeté et de cons-
tance. Michel-Ange vécut seul, célibataire,

1. *Journal d'un poète.*
2. Gœthe. *Correspondance.*
3. V. 207.

« à peu près chaste [1] », cela n'empêche pas qu'à toutes ses poésies se mêle une inspiration, un amour idéal : *Vittoria Colonna*, amour platonique, purement cérébral : « La vie de mon amour n'est pas mon cœur, car l'amour dont je t'aime est sans cœur, et il tend vers un but où ne peuvent exister ni affections mortelles, remplies d'erreurs, ni coupables pensées [2] ». On sait que l'amour de Michel-Ange fut partagé. Vittoria Colonna aimait en lui non seulement l'artiste, mais « l'honnête homme ». « Vos chefs-d'œuvre que le monde admire, lui écrivait-elle, ne sont pas votre plus grand titre de gloire à mes yeux ». La solitude n'empêche pas d'aimer et d'être aimé.

Léopardi s'était formé seul ; enfermé avec ses livres, il avait pris l'habitude de s'abstraire du monde réel. Quand il jetait un coup d'œil hors de sa retraite, tout ce que rencontrait son regard lui paraissait petit. « Fait pour méditer dans la solitude, raconte

1. Vasari, *ib.*
2. Michel-Ange :
   La vita del mio amor non è'l enor mio ;
   Che l'amor di ch'io t'amo è senza enore
   Là volto ove mortal pieno d'errore
   Affeto esser non può, nè pensier rio.

J.-J. Rousseau, je ne l'étais point pour parler, agir, traiter d'affaires parmi les hommes.
La nature qui m'avait donné le premier talent, m'avait refusé l'autre [1]... Quand mes
douleurs me font tristement mesurer la lon-
gueur des nuits, et que l'agitation de la fièvre
m'empêche de goûter un seul instant de som-
meil, mes souvenirs me font oublier mes
souffrances, non pas les souvenirs de ma jeunesse, — ils furent trop rares, trop mêlés d'a-
mertume, mais ceux de ma retraite, de mes
promenades solitaires, jours rapides et déli-
cieux que j'ai passés tout entiers avec moi
seul [2]... »

« Ce qui fait le tourment de mon âme se
plaint le doux Eugène Delacroix [3], c'est le
monde. Plus la mienne se répand avec les
amis et les habitudes ou les plaisirs journaliers,
plus il me semble qu'elle m'échappe et se
retire dans sa forteresse. » Pour lui, le poète
qui vit dans la solitude et qui produit beaucoup, jouit de ces trésors que nous portons
dans notre sein, mais qui se dérobent à nous,

1. *Confessions*, partie II. livre XII.
2. *Correspondance.*
3. *Journal*, t. I, p. 119.

quand nous nous donnons aux autres. Quand
nous nous livrons tout entier à notre âme, elle
s'ouvre tout à nous, et la capricieuse nous
permet alors le plus grand des bonheurs.

Gustave Moreau dont l'œuvre exprime à la
fois l'enthousiasme frémissant de la poésie,
la forme délicate et la haute pensée, ce noble
artiste qui a tout sacrifié à son idéal, même
la gloire, s'est enveloppé, du commencement
à la fin de sa vie, de solitude et de silence.
Il ne pouvait admettre les sacrifices habi-
tuels à la réputation et à la fortune, et il
menait une vie d'ascète, il ne cultivait que
l'effort obstiné par lequel il demandait à la
forme plastique de traduire la vie intérieure
de ses visions.

J.-S Mill [1], qui n'a rien de l'artiste ni du
poète et dont la pensée est plutôt pratique,
constate que la société offre un seul attrait
aux gens n'occupant pas les plus hauts rangs,
c'est l'espérance d'y trouver un secours les
aidant à se hisser un peu plus haut ; quant à
ceux qui occupent déjà le sommet, les devoirs
de la société sont pour eux une affaire de
condescendance envers l'usage, et une exi-

1. *Mémoires*, p. 217.

gence de leur situation. Mais une personne dont l'esprit s'élève au-dessus du commun des idées et des sentiments ne saurait trouver dans la société le moindre attrait. Pour ne rien dire du temps que les gens d'un mérite supérieur y perdent, le niveau de leurs sentiments s'y abaisse, ils en viennent à ne plus tenir autant à celles de leurs opinions sur lesquelles il faut qu'ils gardent le silence dans la société qu'ils fréquentent. Ils finissent par considérer leurs idées les plus élevées comme impraticables, ou au moins comme si loin de pouvoir se réaliser qu'elles ne valent pas mieux que des visions ou des théories. Si, plus heureux que les autres, ils conservent l'intégrité de leurs principes supérieurs, ils n'en prennent pas moins, insensiblement, par respect pour les personnes et les choses de leur temps, des manières de sentir, de juger et de vivre qui leur concilient la sympathie du monde qu'ils voient. Une personne d'une haute intelligence ne devrait jamais entrer dans une société qui ne s'occupe pas des choses de l'esprit.

Nietzsche a du dédain pour la société et un culte pour la solitude, trouvant que tout homme d'élite aspire instinctivement à une tour d'ivoire où il soit « sauvé » du *vulgum pecus*, où il puisse oublier la vie moyenne. Qui, dans ses *rapports* avec les hommes, n'a pas passé par la tristesse et l'isolement, n'est pas un homme de goût vraiment supérieur.

On exige de soi-même beaucoup plus dans la solitude que dans la société, parce que la solitude donne plus de loisir ; on est plus libre, les idées sont plus étendues, plus lumineuses, on juge la vie plus sainement et plus clairement. Tant que l'homme est impliqué dans l'idéal, il est *esprit*, il est heureux ; dès qu'il s'abandonne aux relations du monde, il devient *intérêt*, ses liens mondials tuent ses aspirations spirituelles — la paix, la béatitude du cœur.

Il ne faut pas entendre par la solitude l'éloignement total du monde. M. Zimmermann [1] considère comme étant du domaine de la solitude « le cabinet d'un savant, les heures et les jours passés loin du tumulte des hommes ». Souvent on est solitaire sans être seul ; il suffit pour cela de se livrer entièrement à ses réflexions. Au milieu d'une assem-

1. *Essai sur la solitude*, 1756.

blée 'nombreuse, nous pouvons être aussi
éloignés de tout ce qui nous environne, aussi
recueillis en nous-mêmes, aussi solitaires
enfin qu'un moine dans sa cellule, ou un
ermite dans son désert. On peut être solitaire
dans sa maison, au milieu de la ville la plus
brillante, comme dans le silence monotone
d'un village. Être solitaire, c'est être seul
avec ses idées, c'est pouvoir se passer des
autres. Trouvant le moyen de se séparer de
tout le monde, on enlève ainsi à ses semblables le plaisir de nous refuser un appui que
nous ne leur demandons pas. Quand on
n'attend aucun secours des hommes, on est
obligé de le chercher en soi-même.

L'artiste, le penseur, s'il veut être heureux,
doit rester seul, fier dans sa solitude, ne pas
chercher, mépriser même la réputation et la
gloire. « Pour vivre heureux, vivez seul »,
conseille Ovide. Mais la joie d'être ignoré est
une joie délicate et rare que seuls peuvent
goûter les âmes altières. Pour la plupart, il
ne suffit pas d'avoir du talent ou des idées, il
faut encore la permission d'en avoir. Avant
d'avoir la conscience de leur talent, ils en
attendent la consécration des autres. La gloire

n'est rien si on ne la mérite pas à ses propres yeux[1]. Comment tenir à la considération, à l'opinion de ceux que, souvent, on n'estime même pas? Quand on cherche la gloire, on est obligé de plaire aux autres, de s'accorder avec le grand nombre, et on perd sa liberté, sa personnalité, c'est-à-dire son bonheur.

La gloire, la vraie, n'est accessible qu'au génie, à l'élu des élus. Chez les autres, elle est une profanation et un blasphème. La gloire s'achète à haut prix. Le génie parcourt sa longue route sans qu'une main compatissante le soutienne dans la lutte. Il marche seul et muet. Souvent il lui semble qu'il parle une langue que personne ne comprend, il hésite alors, se demande s'il rêve ou s'il veille, s'il pense ou s'il délire, mais sa conscience le reconforte et le pousse à continuer le chemin de sa vie. La gloire n'est souvent obtenue que vers la fin du long voyage ; quelquefois encore, elle ne dépose ses lauriers que sur un cadavre, sur un cercueil.

1. Flaubert n'aimait pas la gloire. « Arriver à quoi ? A la position, à la gloire de Feuillet, Houssaye et soixante-douze autres ? Merci. Être connu n'est pas ma principale affaire, cela ne satisfait entièrement que les médiocres vanités. Je vise à mieux, à me plaire. »

Sans doute, souvent, l'éclair d'un seul instant de gloire brille de tant de splendeur qu'il
suffit à illuminer les ténèbres de longues
années de souffrances et de misères, à élever
l'homme jusqu'aux régions supérieures de l'esprit et à l'inonder de bonheur. Mais la gloire
devient un phénomène de plus en plus rare.
Notre civilisation, très favorable aux petites
passions et aux petits orgueils, confond la
gloire avec l'ambition [1]. L'homme avide de
gloire s'adresse à la vérité pure ; l'ambitieux
cherche à surpasser les autres, il se sert des
passions les plus mesquines, des préjugés et
de la petitesse, pour monter, et n'a jamais
souci de savoir si le sol où il s'avance est de
marbre ou de fange, ni si ceux qu'il surpasse
sont des lions ou des brebis. Le bonheur
qu'offre la gloire ou l'aspiration vers elle, se
goûte en sa plénitude, dans la solitude du
cabinet, celui qu'offre l'ambition ne brille
que dans le tourbillon perpétuel. Le génie
peut créer une civilisation, mais n'y obéit
pas ; l'ambition augmente toujours au choc
des intérêts mesquins et de la vanité.

L'ambition ne s'élève jamais au-dessus de

1. Voy. Montegazza, *Physiologie du plaisir.*

l'amour-propre. L'égoïsme et la fatuité sont
ses éléments essentiels. L'ambition fait perdre
ce qu'il y a de plus précieux pour l'artiste et
le philosophe : la liberté et l'indépendance.
Le sentier qui conduit à l'ambition est glis-
sant et plus d'un en est redescendu plus vite
qu'il n'y était monté. Celui qui cherche le
bonheur de ce côté fait fausse route. « Il faut
voir, dit Maine de Biran [1], ce qu'il y a en
nous de libre et s'y attacher uniquement. » Les
biens, l'estime conventionnelle des hommes
ne sont en notre pouvoir que jusqu'à un certain point : ce n'est pas de là qu'il faut
attendre le bonheur ; mais la paix de la conscience, la recherche du vrai, la liberté morale
dépendent de nous, et c'est par là seulement
que nous pouvons être heureux. Chercher la
liberté et la vérité dans ce qu'on fait, aspirer
vers la perfection, *vivre sa vie* et ne pas s'oc-
cuper des opinions du grand nombre, c'est la
seule voie qui conduit l'artiste et le penseur,
par la souffrance supérieure, au bonheur.

1. *Journal intime*, 1816.

V

Vivre sa vie, c'est suivre ses aspirations personnelles, arranger son existence à sa guise, ne subir aucune influence, s'affranchir des lois conventionnelles de la société, être indépendant. Or, suivant le conseil de Gœthe, « celui qui veut être indépendant doit s'enfermer dans sa maison ». Plus l'homme est affranchi de toute autorité, de toute influence, de toute puissance autres que celles de sa conscience et de sa raison, plus il est heureux.

L'homme est une volonté, il est aussi une liberté. Celui qui ne veut pas, ne vit pas. Celui qui n'est pas intérieurement libre, ne vit pas. Le bonheur, pour l'artiste et le penseur, c'est la liberté. La liberté est le besoin essentiel des grandes intelligences. Plaignons le pauvre esclave que maîtrisent l'ambition, l'envie, l'affreux égoïsme qui, sous tant de formes diverses, dévastent les cœurs et les vies. Pour connaître le bonheur, il faut briser ces chaînes. La liberté parfaite, c'est le parfait bonheur. Supprimez la liberté, et que restera-t-il dans la vie? Même les splendeurs des cieux et les magnificences de la nature ne sont rien sans liberté.

Il faut être libre, non pas dans le sens lourd et superficiel des politiciens modernes qui renferment la liberté dans des cadres étroits, mais libre dans le sens de *liberi pensatori*, des *Freidenker* de Nietzsche, ou même comme le comprenait Berlioz [1] : « Liberté de cœur, d'esprit, d'âme, de tout ; liberté de ne pas agir ; liberté d'oublier le temps, de mépriser l'ambition, de rire de la gloire ; liberté de marcher en plein champ, de vivre de peu, de vaguer sans but, de rêver, de rester gisant, assoupi, des journées entières. Liberté vraie, absolue, immense ! »

Être libre, c'est pouvoir disposer de sa vie, de sa personnalité, de son travail, du produit de son travail, c'est avoir à sa disposition les instruments indispensables à cet effet, c'est

1. *Mémoires,* p. 143.

pouvoir acquérir toutes les connaissances que
le cerveau réclame et peut contenir. Il faut
s'affranchir de toutes entraves extérieures, il
faut conquérir l'indépendance, — l'ἐλευθερια
de Socrate, — surtout l'indépendance morale
et intellectuelle, car on peut posséder la liberté matérielle et rester esclave des préjugés,
des dogmes, des habitudes ; il faut être indépendant à tel point qu'on puisse non seulement ne pas rechercher, mais décliner librement tous les honneurs extérieurs, il faut
aspirer exclusivement vers la satisfaction
intérieure, vers la dignité, le respect puisés
dans notre conscience.

Malheureusement, dans notre société, la
dignité, le respect de son caractère, de sa vie
ne vont qu'avec un certain degré d'aisance.
Cette nécessité est impérieuse, sans elle, il
n'y a point de tranquillité d'esprit. « Il faut
beaucoup de prudence pour arriver à cet état
et pour s'y maintenir, — disait E. Delacroix [1]
qui s'y connaissait, — il faut avoir sans cesse
devant les yeux la nécessité de cette absence
des soucis matériels, qui permet d'être tout
entier à des tentatives élevées, et qui

1. *Journal*, t. II, p. 468.

empêche l'âme et l'esprit de se dégrader. »
Tous ne sont pas aptes à cette « nécessité
matérielle ». L'habitude de réfléchir ôte souvent la faculté d'agir. L'artiste, le penseur,
comme tous les individus, est obligé de compter avec la « nécessité matérielle », mais la
surabondance de sa vie intérieure fait qu'il ne
sait pas comment s'y prendre. Il embrasse
tout ; cependant tous les objets matériels lui
échappent précisément parce qu'ils sont plus
petits que sa capacité. Ne pouvant jamais
être content de soi-même, ni cesser de s'examiner, et se défiant de ses propres forces, il
ne sait pas faire ce que font les autres. L'artiste, le philosophe vit dans un monde de
rêves et d'idéal, la réalité journalière n'existe
pas pour lui, elle le froisse. Pour lui, la pensée et l'art, faisant partie de l'homme, sont
par là même le réel et non pas une repré-
sentation fictive. Contrairement à la masse,
il ne considère comme mensonge ni le
domaine de l'esprit, ni même celui de l'imagination. Pour le philosophe, l'acte de la
pensée, comme celui de l'imagination, est
l'appel volontaire à la conception des choses
absentes ; la joie et la noblesse de l'esprit et

de l'imagination résident dans la contemplation et dans la connaissance de ces choses en
tant qu'absentes, c'est-à-dire dans la connaissance de leur absence réelle.

L'objet des penseurs et des artistes étant
élevé, ils voient de haut le monde et les
hommes, ce qui les rend insensibles aux
vanités et aux misères de la vie. « Ils aspirent, dit Letourneau[1], non pas à un paradis
posthume, mais à la possession, à la conquête
de la vérité. » Enfiévrés par cette noble poursuite, tout ce qui n'y a pas trait leur est à peu
près indifférent ; ils font fi de la fortune, souvent du nécessaire.

Le pape Clément VI avait offert à Pétrarque,
outre la charge de secrétaire apostolique,
plusieurs évêchés considérables. Pétrarque
refusa, et il écrivit à un de ses amis : « Toute
élévation m'est suspecte, parce que je vois la
chute après elle. Que l'on m'accorde cette
médiocrité, préférable à l'or, je l'accepte de
tout mon cœur et avec reconnaissance ; mais
si l'on veut me donner un emploi important,
je le refuse, je secoue le joug, et j'aime mieux
être pauvre qu'esclave. »

1. *Physiologie des passions*, p. 253.

Michel-Ange, indigné de l'attitude hautaine
de l'entourage du pape Jules II, répondit à
l'un de ses envoyés : « Quand le pape aura
besoin de moi, vous lui direz que je suis allé
ailleurs[1]. » Un peintre avait gagné beaucoup
d'argent en exposant un assez mauvais tableau.
Michel-Ange, interrogé sur le mérite de cet
artiste, répondit : « Tant qu'il cherchera à
devenir riche, ce sera un pauvre homme[2]. »

Le mépris de Spinoza pour l'argent fut extrême. Il refusa une pension de 1 000 florins
que lui offraient les rabbins, pour qu'il ne fît
pas défection publique. Il refusa également
2 000 florins que lui offrait son ami Simon de
Vries[3]. Spinoza vivait simplement comme un
anachorète. La gloire ne le préoccupait pas ; il
recommanda de publier après sa mort son
Éthique, sans la signer de son nom. Descartes
menait une vie modeste, se dérobait à la réputation, de crainte de perdre sa liberté. L'opinion publique ne l'intéressait guère. « Quand
on me fait une offense, disait-il, je tâche d'élever
mon âme si haut, que l'offense ne parvienne

1. Vasari, V. 127.
2. *Ibid.*
3. *Œuvres de Spinoza*, éd. Saisset.

pas jusqu'à moi [1]. » La vie simple de Pascal
est très connue. « Il retranchoit avec tant de
soin toutes les choses inutiles, qu'il s'étoit
réduit peu à peu à n'avoir plus de tapisserie
dans sa chambre, parce qu'il ne croioit pas
que cela fut nécessaire, » raconte sa sœur
Mme Périer [2].

Mais si certaines existences d'abnégation et
de misère sont loin d'être malheureuses, si
l'homme vraiment supérieur trouve dans sa
misère même des sujets de consolation et
presque du plaisir, comme celui, par exemple,
de se sentir injustement persécuté et d'avoir
en soi la conscience d'un mérite supérieur à
sa fortune, combien d'intelligences périssent
par la misère et l'injustice avant d'avoir pu
donner leur mesure ! Il ne suffit pas d'avoir
du talent et même du génie pour exister, les
facultés qui font le charme de la vie n'en
assurent pas toujours les moyens matériels.
Presque tous les grands hommes ont eu une
vie plus misérable que celle des autres hommes.

La société n'approuve, n'aime et ne récom-

1. Thomas. *Notes* sur l'éloge de Descartes.
2. *La vie de Pascal*, p. 23. Amsterdam, M.DC.LXXXIV.

pense que les médiocres qui acceptent ses conventions, ses erreurs, ses mensonges ; elle n'aime pas ceux qui dérangent sa quiétude intéressée : les penseurs, les philosophes, les génies. « Le génie, remarque Schopenhauer, est d'ordinaire privé même de la récompense la plus nécessaire toute sa vie durant et ne devient manifeste qu'après la mort. »

Le point d'appui qu'il ne trouve pas au dehors, c'est au dedans, c'est dans la puissance intérieure de sa conscience que l'homme supérieur le recherche. Se roidir contre les idées variables engendrées par l'opinion publique intéressée au lieu de s'y abandonner, se retirer dans le sanctuaire intérieur de sa conscience, se rendre maître de soi, de ses sensations, de ses sentiments, de ses pensées, de sa volonté, de son orgueil, telle est la voie pénible et douce que suit le génie pour sortir victorieux de la lutte avec la réalité mensongère.

VI

L'homme supérieur cherche à sortir victorieux de la lutte avec la réalité mensongère mais, s'il se sent succomber, sa raison lui indique le moyen de se soustraire aux maux de la vie sociale : le suicide.

Cultiver librement l'art et la pensée est un grand bonheur, mais il vaut mieux renoncer volontairement à la vie que, pour vivre, prostituer son art et sa pensée. Vivre, aimer, produire, chercher le bonheur sain et conscient, tel est le but de tout être humain, mais il ne doit pas, pour l'atteindre, sacrifier ses idées, son honneur, souscrire aux mensonges, accepter de lâches compromis, il vaut mieux briser sa vie. S'il y a du courage à souffrir les maux naturels qu'on ne peut éviter, il est absurde de souffrir des maux conventionnels dont on peut s'exempter, sans nuire à personne.

On dit : « c'est lâche de se suicider ». Il nous semble, au contraire, que c'est lâche de vivre contrairement à ses conceptions. Pour se suicider, il faut une somme d'énergie considérable. Le suicidé dépense en peu de temps plus d'énergie qu'il ne lui en faudrait pour vivre de longues années. Ce sont, d'ailleurs, les lâches qui crient que cesser de vivre volontairement est une lâcheté. Quand un homme meurt pour rendre service à la société, pour sauver un de ses semblables, il est un héros ; quand il renonce à la vie pour se sauver lui-même, il est lâche ! Non, il faut être brave pour renoncer à la lâcheté humaine.

Messieurs les aliénistes affirment qu'étant donné que le suicide appartient à la catégorie sémiotique de la mélancolie, qu'il est une conséquence naturelle de la névrose, etc., le suicidé est atteint d'aliénation mentale. C'est le rôle social des aliénistes de dire que la disposition au « meurtre » de soi-même est l'effet du délire et ne peut se concilier avec la plénitude de la santé et l'intégrité de la raison. « Fou ou criminel ! » Tel est le dernier mot non pas de la science, mais de certains « savants. » Criminel ? Contre qui ? Contre

quoi ? Je suis criminel si je tue un autre
homme, mais j'ai la libre disposition de ma
propre personne. Il y a des hommes qui se
tuent dans un accès de folie, ce n'est pas une
raison d'affirmer que tous ceux qui se tuent
sont fous. Si ceux qui renoncent à la vie sont
fous ou criminels, les fous et les criminels
sont des gens raisonnables : ils jugent la vie
sociale à sa valeur.

Ribot[1] admet que l'acte du suicide résulte
de deux dispositions mentales très différentes :
l'état de réflexion, l'état d'impulsion. Le suicide impulsif est du domaine pathologique.
C'est un acte de la vie organique et la cause
réside dans la cénesthésie. Le suicide impulsif
est l'expression du travail de destruction, lent,
permanent, obscurément senti, qui s'opère
dans les profondeurs de l'organisme. Dans
le suicide délibéré, réfléchi, volontaire, il y a
lutte entre deux facteurs : l'instinct de la
conservation et la réflexion. La réflexion
décide. L'acte est rationnel, puisqu'il va dans
le sens du moins mauvais ou de ce qui a été
jugé tel.

---

1. *La psychologie des sentiments,* p. 242. (Paris, F. Alcan.)

Pour M. Durkheim [1], autant les rapports du suicide avec les faits de l'ordre biologique et de l'ordre physique sont équivoques et douteux, autant ils sont immédiats et constants avec certains états du milieu social. On se trouve en présence de lois véritables. C'est la constitution morale de la société qui fixe à chaque instant le contingent des morts volontaires. Il existe pour chaque peuple une force collective, d'une énergie déterminée, qui pousse les hommes à se tuer. Les mouvements que le patient accomplit et qui, au premier abord, paraissent n'exprimer que son tempérament personnel, sont, en réalité, la suite et le prolongement d'un état social qu'ils manifestent extérieurement.

Le suicide n'est donc pas une simple folie. On trouve parmi les suicidés des gens braves, aimants, intelligents et bons. Il y a des hommes qui se trouvent en possession de toutes leurs facultés, qui n'ont pas de suicidés dans leur famille, qui n'ont jamais fumé ni opium ni tabac, qui n'ont jamais pris d'alcool, qui possèdent des facultés intellectuelles supérieures, qui ont produit des œuvres d'esprit

1. *Le suicide*, p. 335. (Paris, F. Alcan.)

ou d'imagination fortes et durables, qui aiment
la vie, qui comprennent la valeur morale de
l'existence, qui ne croient pas à la vie absurde
d'outre-tombe et qui, consciemment, volontairement, en plénitude de toutes leurs forces
physiques, psychiques, morales et intellectuelles, brisent le joug qui les attache à la
terre. Pourquoi ? Parce qu'ils ne veulent pas
déchoir pour plaire ou plutôt pour ne pas
déplaire à la société, c'est-à-dire à quelques
individus qu'ils ne connaissent souvent pas ;
parce qu'ils ne veulent pas que l'habitude les
attache bassement à une manière de vivre
qui leur répugne et les force à traîner avec
effort une existence absurde ; parce qu'ils trouvent honteux d'être mort durant la vie, quand
la raison leur indique le moyen de rendre
cette mort réelle.

On ne se tue pas parce qu'on n'aime pas la
vie, on se tue parce qu'on ne peut pas vivre
dignement. Quand une jeune fille se suicide
pour ne pas se marier contre son gré, c'est
parce qu'elle désire un autre mariage. Dans
tous les cas, la jeune fille qui écrit à ses
parents qui lui refusent leur consentement :
« Aimant sans espoir d'avenir, je préfère

mourir avec celui que j'aime que de vivre seule, sans lui, ou avec un autre que je n'aime pas », est supérieure à celle qui épouse un homme riche sans l'aimer ; elle est plus intelligente, plus honnête.

Le philosophe qui se donne la mort parce qu'il ne peut pas vivre selon ses conceptions est moralement supérieur à celui qui vit contrairement à ses idées. Ces sortes de suicides sont plus fréquents qu'on ne le pense.

Nous n'avons qu'à citer le suicide d'Arsène Dumont[1]. Esprit très original, très cultivé, il a publié des ouvrages, notamment *Dépopulation et civilisation*, d'une véritable valeur scientifique et morale, impossible à ne pas reconnaître par ceux mêmes qui ne partagent pas les idées qui y sont exprimées. Après avoir travaillé vingt de ses meilleures années, et, alors que peut-être un nouveau champ d'exploration allait s'ouvrir devant lui, il se vit aux prises avec une nécessité inexorable. Afin de se donner tout entier à ses recherches démographiques, il avait dépensé peu à peu tout son avoir. Jamais il ne laissa deviner cette situation menaçante. Une fois seulement

1, Démographe français, mort à Paris le 31 mai 1902.

il crut de son *devoir social* d'avouer sa situation à un de ceux qui sont chargés de veiller à la grandeur de la démocratie. A un homme comme lui, qui ne cherchait que les moyens de travailler, il eut peut-être été assez facile d'assurer le pain, c'est-à-dire la vie. Mais, ne possédant qu'un immense savoir et une intelligence supérieure, il fut très poliment éconduit. La fierté secrètement blessée de Dumont lui ferma la bouche à jamais. Il se donna la mort à l'âge de cinquante-deux ans. « Je ne regrette pas l'emploi que j'ai fait de mon activité, écrit-il dans une de ses dernières lettres. Ce que j'ai fait serait à refaire, je le referais au même prix. L'amour du vrai, il n'y a pas de plus noble passion pour un être humain et j'ai bien fait de m'y dévouer. Or, ce dévouement ne serait pas du dévouement s'il ne menait au sacrifice de l'existence. Il y a longtemps que ce sacrifice était accepté par moi. Je travaille depuis dix ans avec cette perspective devant les yeux, et bien qu'elle soit peu gaie, je ne lui ai point fait trop mauvais visage... J'eusse désiré travailler une dizaine d'années encore pour mettre en lumière quelques vérités qui ont des chances de rester longtemps ignorées [1]... » Mais il fallait manger, et Dumont préféra mourir que de vivre indignement. Il quitta la vie d'une manière discrète et décente.

L'homme vraiment supérieur sait réduire ses besoins matériels au minimum ; encore faut-il qu'il puisse subvenir à ce minimum. L'impuissance matérielle de vivre amène l'impuissance de vouloir vivre.

Les moralistes blâment le suicide au nom de la solidarité. « Il faut être solidaire de ses contemporains. » Certes, l'individu ne peut pas se séparer de ses semblables, mais dans le cas seulement où il existe entre eux une union mutuelle. Cette union collective est, dans notre société, une chimère. Ceux qui invoquent cette solidarité sont les premiers à ne rien faire en sa faveur.

Les biologistes prétendent même que « la solidarité extrême des parties de l'économie vivante n'est réalisée chez aucun animal. » D'après eux, c'est un rêve de philosophe ; c'est celui de Kant pour qui l'organisme parfait devrait être un système téléologique, un

---

1. Voir Zaborowski. *Arsène Dumont*, in Revue universelle, 15 août 1902.

système de fins et de moyens réciproques,
un ensemble de parties existant pour et par
les autres, pour et par le tout.

Si, dans le monde biologique, la solidarité
cellulaire n'est pas absolue, elle est relative.
Le système nerveux, c'est-à-dire la solidarité
nerveuse — relative — fait de l'être complexe,
non pas une cohue de cellules, mais un système lié, un individu où les parties sont subor-
données au tout, et le tout aux parties. Tout
le secret du fonctionnement vital de l'être est
contenu dans l'indépendance et la subordina-
tion des vies élémentaires. Les activités com-
posantes de la multitude cellulaire se brident
les unes les autres. Elles ne forment pas
une harmonie complète, absolue, mais cette
harmonie est plus ou moins solidaire, plutôt
plus que moins. Tandis que dans l'ordre social,
la solidarité — absolue ou relative — n'exi. te
qu'entre les membres de la même caste, ' '
non point entre tous les membres du corp
social. La solidarité sociale devrait être la par-
ticipation de tous les membres de la société,
— quels qu'ils soient, et sans exception, —
aux avantages et aux charges de cette société.

La vie sociale n'est pas une fin en elle-

même, mais une institution utilitaire devant
assurer à ses membres le bien-être au sens
le plus large. La vie sociale ne peut reposer
que sur l'immense multitude des cellules
vivantes, indépendantes et librement asso-
ciées — par la production — pour la forma-
tion de l'organisme social. Chaque cellule est
libre, indépendante et, en même temps, subordonnée au tout par la part qu'elle prend dans
la division générale de la production et de la
consommation. Si telle ou telle cellule pour
sa part de production ne reçoit rien en échange,
elle est forcément appelée à disparaître. Mais
c'est aussi un fait biologique que l'atrophie et
la mort d'une partie entraînent l'atrophie et
la mort des autres parties, c'est-à-dire de l'organisme général. La maladie et la mort se
propagent. C'est un phénomène progressif qui
commence en un point et s'étend à l'ensemble,
il a un début et une durée. Cette durée est
courte quand c'est le cerveau qui est atteint,
le cerveau qui préside aux fonctions supérieures de l'animalité, à la sensibilité, au
mouvement volontaire, à l'exercice de l'intelligence. La mort du cerveau supprime les
manifestations les plus hautes de la vie.

Le *cerveau social* est composé non pas des membres parasites du corps, — les riches, les politiciens, etc. — mais des membres vitaux : artistes, penseurs. Quand, dans une société, un artiste, un philosophe est appelé à disparaître, cela prouve que l'organisme social est malade. Et celui qui disparaît volontairement accomplit un acte social : par sa mort, il attire l'attention sur la maladie de l'organisme, il impose, pour ainsi dire, l'étiologie sociale.

La cause du suicide de Dumont, pour revenir à notre exemple, est purement sociale : la société a reçu de Dumont plus de services qu'elle ne lui en a rendus ; il s'est suicidé parce qu'il n'a pas rencontré, de la part de la société, la solidarité à laquelle il avait droit.

Heureusement il ne se devait particulièrement à personne, — car il est des devoirs qui ne permettent pas à tout homme de disposer de lui-même, — il était donc libre de renoncer à la vie. Sa clairvoyance scientifique lui fit comprendre à temps utile, à lui qui se dévoua au problème de la dépopulation, que, contrairement aux lois naturelles,

notre civilisation ne permet pas à tous de
s'offrir *le luxe* d'une famille[1].

Loin de nous l'idée de combattre le principe de la famille. La famille sainement cons-
tituée, en dehors même de toute loi biologique, contribue pour beaucoup au bonheur
des individus et des nations, mais comment
envisager la possibilité de fonder une famille,
quand on n'est pas sûr du lendemain, quand,
pour la faire vivre, il faudrait accepter tous
les mensonges sociaux et étouffer les cris de
la conscience ? Combien de femmes ne con-
nurent jamais l'amour parce qu'elles n'appor-
taient à l'homme que des charges trop
lourdes ? Combien de rêves ébauchés s'éva-
nouissent au spectre de la misère ?

Et la faute est à l'égoïsme féroce de la
société, à ses hypocrisies conventionnelles.

En se tuant, c'est un service que certains
hommes rendent à la société ; il y a des suicides
qui sont des soufflets dont elle a bien besoin
et, qui, un jour ou l'autre, la réveilleront

1. Le célibat prive les artistes et les philosophes du
bien-être, mais le célibat des artistes et des philosophes
ne reste pas stérile pour la société, puisqu'ils lui offrent
leurs œuvres. Quand on demandait à Michel-Ange pourquoi il ne s'était pas marié, il répondait : « J'ai épousé
mon art et mes ouvrages sont mes enfants ».

peut-être de sa torpeur et de sa lâcheté. Si
le suicide n'était qu'une simple protestation
contre les infamies sociales, il serait déjà un
acte raisonnable et intelligent. Le suicide
social est la manifestation suprême d'une
haute intelligence.

Les esprits mesquins aiment trop la vie
animale et craignent trop la mort pour comprendre qu'on préfère renoncer volontairement à la vie au lieu d'accepter de lâches
compromis que la conscience condamne. La
mort ne doit pas effrayer l'homme. La bou-
tade de Rousseau[1] : « Celui qui feint d'envisager la mort sans effroi, ment » est irréflé-
chie. Un psychologue russe, Tokarsky[2], ayant
étudié de près le problème de la crainte de la
mort, est arrivé à la conclusion qu'elle n'a
rien de terrible. Nous admettons, avec
Tolstoï[3], que le sentiment de la crainte de la
mort est le résultat d'une fausse conception
de la vie. Seuls les hommes qui ne comprennent pas la vie, ont peur de la mort. « La

1. *Émile,* p. 76.

2. Voy. notre ouvrage *La philosophie russe contemporaine,* p. 116. (Paris, 1902.)

3. Voy. notre *Philosophie de Tolstoï.* Chap. *Religion et
morale.*

mort est la dernière fonction de l'homme[1] ».
Sans doute, la mort naturelle est toujours
préférable à la mort prématurée ; certes,
nous aurions besoin d'un surcroît d'années
lorsque nous n'avons pas fourni notre carrière
d'homme avant notre mort. Mais, d'autre part,
à quoi bon vivre quand nous ne pouvons pas
accomplir cette carrière ?

Une courte vie consciente et moralement
belle est supérieure à une longue vie purement animale. Ce ne sont pas les dimensions
démesurées d'une œuvre d'art qui font sa
beauté. Au contraire, plus elle est petite,
mieux elle peut être ciselée, travaillée. La
beauté d'un écrit n'est pas dans son grand
nombre de pages, mais dans ce mouvement
souple et continu qui se manifeste dans la
succession plus ou moins rapide de la pensée,
dans les inflexions variées de son cours, très
sensibles pour un esprit supérieur.

La biologie nous démontre qu'il y a des
êtres à la vie desquels aucune loi n'assigne
de limite : ce sont les moins parfaits, les
moins différenciés. La mort est un privilège
attaché à la supériorité organique.

1. Bacon. *Essais de morale*, II.

Faut-il rappeler la mort divine de Socrate ? Sa vie fut trop belle pour que la mort l'effrayât. Avec quelle simplicité stoïque Michel-Ange attend-il la fin de ses jours ! « Je m'en vais d'heure en heure ; l'ombre grandit sans cesse autour de moi ; le soleil décline ; infirme et abattu, je suis près de succomber[1]. »

Un savant allemand, Jacques Lœb, prétend que l'existence de la mort naturelle n'est pas démontrée ; en d'autres termes, la mort n'est pas un phénomène physiologique. Un autre savant, M. Metchnikoff[2], affirme que la vieillesse, non plus, n'est pas un phénomène physiologique, mais plutôt pathologique, et que le moyen de combattre la vieillesse pathologique serait, d'un côté, de renforcer les éléments les plus précieux de l'organisme, et, de l'autre, d'affaiblir la tendance agressive des phagocytes. Admettons, avec M. Metchnikoff, qu'on arrive à éliminer du tube digestif le gros intestin (?!) dont la flore abondante est nuisible à la santé ; admettons que le

1.   Io parto a mano a mano,
      Grescemi ognor più l'ombra, e'l sol vien manco,
      E son presso al cadere, infermo e stanco.
                    Michel-Ange, *Poésies*. LXII.
2. *Etudes sur la nature humaine*, p . 316.

sérum de là vieillesse soit découvert, qu'il
détruise la sénilité de l'âge avancé et qu'il
amène la longévité de l'homme. Le sérum de
la vieillesse serait-il en même temps le sérum
de l'intelligence ? L'ancienne maxime *Mens
sana in corpore sano* est une chimère. La
dégénérescence intellectuelle commence bien
avant la dégénérescence physique. La longévité
est-elle désirable si elle ne doit être que purement animale ? Chez les animaux inférieurs la
dégénérescence sénile n'est pas visible. Cet
état doit-il nous séduire ? N'est-il pas plus
logique, plus rationnel, plus *humain* de
renoncer volontairement à la vie animale dès
que l'intelligence commence à décliner ?

Allons plus loin. Admettons que le sérum
de la vieillesse et par conséquent de la longévité soit en même temps le sérum de l'intelligence. La réalisation de cet idéal serait-
elle souhaitable ? Peut-être, mais alors dans
un avenir bien lointain où l'intelligence ne
connaîtrait pas d'entraves arbitraires et pourrait librement s'exercer, où la production
serait réglée par la raison réfléchie, mais non
dans notre société où le nombre des suicides
conscients augmente, où tout suicide volon-

taire a sa raison d'être, où la·production
humaine est le résultat de circonstances
aveugles. Pour le moment, au lieu de rechercher le sérum de la vieillesse, ne vaudrait-il
pas mieux rechercher celui des fléaux qui
empêchent d'atteindre toute vieillesse, — la
tuberculose, par exemple, — le moyen de
combattre les maux arbitraires créés par
l'homme, les maux sociaux ? Quand la grande
majorité des hommes, malgré leur somme de
travail effroyable, sont privés des moyens de
vivre quarante ans normalement et humai-
nement, on n'a pas le droit de leur souhaiter
de vivre cent ans.

Malheureusement, toute découverte scientifique se fait indépendamment de la volonté
du savant, elle est moins subordonnée à la
nécessité consciente qu'aux circonstances
favorables et fortuites. Mais ce qui dépend de
notre volonté, c'est la réalisation effective,
c'est l'application des découvertes déjà faites.
Or, même les découvertes, par exemple, dans
le domaine de l'hygiène ne sont encore accessibles qu'à un petit nombre d'individus ; les
autres meurent avant l'âge ou végètent dans
des conditions anti-hygiéniques déplorables.

Appliquons nos connaissances acquises, utilisons les fruits mûrs de la science, permettons à tous de jouir des progrès déjà accomplis. La misère est aussi dangereuse que la peste, mais comme la peste, elle est évitable. Diminuons les circonstances qui favorisent les morts prématurées. Nous ne nions pas qu'il vaut mieux attendre en beauté sa fin que de l'avancer. Mais, pour revenir à notre sujet, nous répétons : quand il le faut, quand notre conscience nous l'impose, l'idée du suicide n'a rien de terrible, elle rend calme et tranquille ; on goûte en quelques jours plus de bonheur qu'une vie d'homme médiocre ne peut en contenir.

VII

Admettre que l'isolement et le suicide sont
les éléments distinctifs du bonheur et de
l'intelligence serait à coup sûr absurde. Le
suicide n'est pas l'acte suprême de l'intelligence, mais le suicide social est presque
toujours un acte intelligent, le suicide physique étant toujours préférable au suicide
moral. Il ne s'agit pas non plus de déserter
le monde en s'en détachant; les paroles de
Laromiguière : « Je n'aime pas à me montrer, mais je ne cherche pas à me cacher »,
ont pour beaucoup, presque pour tous, un
sens rationnel. L'artiste, le philosophe, même
dans son isolement, n'est pas un comtempla-
teur purement passif, il est lié à l'humanité
par son œuvre. Le rôle de l'artiste est de
transmettre ses sensations, comme celui du
philosophe est d'exprimer ses idées. Penser,

méditer est déjà un acte social. Platon refu-
sait aux marchands tout droit civique dans
la république. L'humanité peut se passer de
marchands et de politiciens, elle ne se pas-
sera pas de poètes, d'artistes, d'écrivains, de
philosophes. L'œuvre de ces derniers est
toujours plus durable que celle des rois. et
des boursiers. « Je ne crains rien pour ma
musique, dit Beethoven, elle ne peut avoir
de destinée négative ; celui qui la sentira
pleinement sera à tout jamais délivré des
misères que les autres traînent après eux [1]. »
« Concevoir et vouloir le mieux, écrit Guyau [2],
tenter la belle entreprise de l'idéal, c'est y
convier, c'est entraîner toutes les générations
qui viendront après nous. Nos plus hautes
aspirations, qui semblent précisément les
plus vaines, sont comme les ondes qui, ayant
pu venir jusqu'à nous, iront plus loin que
nous, et peut-être en se réunissant, en s'am-
plifiant, ébranleront le monde. Je suis bien
sûr que ce que j'ai de meilleur en moi me
survivra. Pas un de mes rêves, peut-être, ne
sera perdu ; d'autres les reprendront, les rêve-

---

1. Gœthe. *Correspondance.*
2. *L'irréligion de l'avenir.*

ront après moi, jusqu'à ce qu'ils s'achèvent
un jour. C'est à force de vagues mourantes
que la mer réussit à façonner sa grève, à
dessiner le lit où elle se meut. » Les grandes
pensées ne sont pas sujettes à s'oblitérer.
L'homme vieillit et disparaît. Nos gloires, nos
amitiés, nos amours, tous nos désirs, toutes
nos affections périssent avec nous. La géologie
nous apprend que les montagnes les plus
altières sont, en réalité, choses très éphémères. Attaquées dans leur constitution chi-
mique, sans cesse ébranlées dans leur structure physique, les roches qui les composent
vont à la ruine, s'effondrent peu à peu, se
réduisent en pierres, puis en gravier, et enfin
en limon que les fleuves vont noyer au fond
de la mer. Les mots aussi disparaissent. Les
mots ! Est-il quelque chose de plus réel, de
plus vivant, de plus limpide et de plus terrible ? On dirait qu'ils donnent une forme
plastique aux choses informes. Les mots !
Quelle subtile magie s'y cache souvent ! Les
mots, eux aussi, perdent peu à peu leur sens
primitif et meurent. Seules, les grandes pensées ne disparaissent point ; il n'en meurt
que ce qu'il en doit mourir, l'actuel, le tran-

sitoire ; l'humain demeure ; de plus, séparé
des formes que lui impose le contemporain,
l'humain apparaît toujours jeune et n'agit
sur les générations qu'avec plus de force et
d'ardeur.

L'indifférence de la foule, la détresse de la
vie anéantit celui qui pense, elle ne détruit
pas sa pensée qui finit toujours par forcer
l'attention, sinon de tous les humains, au
moins de cette admirable minorité d'êtres
exceptionnels qu'on nomme artistes et philosophes. Oui, ce sont des êtres exceptionnels.
Être une exception est un grand privilège,
mais un privilège douloureux ; il ne prolonge
pas la vie, il n'augmente pas le bien-être, mais
en quarante ans il fait vivre ses élus cent
fois plus que les autres en quatre-vingts.

L'amour, l'art, la pensée ne sont accessibles qu'aux intelligences exceptionnelles et
supérieures. Pour qu'un homme soit digne
d'aimer ou de penser, il faut que l'on aper-
çoive en lui un rayon, un reflet d'intelligence.

N'aime pas, ne pense pas qui veut. Malheureusement, comme l'amour, la méditation a
perdu sa dignité. Nous aimons trop vite,

nous pensons plus vite encore. Nous pensons
en chemin, au milieu d'affaires de toute
sorte ; il ne nous faut que peu de préparation et encore moins de silence. Notre cerveau est devenu une espèce de machine d'un
mouvement incessant et perpétuel. Aimer et
penser ne demeurent un acte de beauté que
chez une élite de l'élite. Pourtant, qu'y a-t-il
de plus beau qu'un homme qui pense ? Y
a-t-il un titre plus enviable que celui de philo-
sophe-artiste, libre, indépendant, désintéressé
non seulement dans son œuvre, mais aussi
dans sa vie? Nietzsche donne une définition
tourmentée, mais presque vraie de l'artiste-
philosophe [1] : « C'est un homme qui constamment éprouve, voit, entend, soupçonne, rêve
des choses extraordinaires, qui est frappé par
ses propres pensées comme si elles venaient
du dehors, d'en haut et d'en bas, comme par
une espèce d'événements et de coups de fou-
dre qui lui est propre ; il est peut-être lui-
même un orage, toujours gros de nouveaux
éclairs ; un homme fatal autour duquel
gronde, roule, éclate et se passe toujours
quelque chose d'inquiétant. » Un artiste-

1. *Par delà le bien et le mal*, § 292.

philosophe : un être qui souvent se sauve loin de lui-même, souvent a peur de lui-même, mais qui est trop curieux pour ne pas revenir à lui-même ; un homme inquiet sous une enveloppe souvent bien paisible, un être particulier, une exception en un mot. Mais ce sont les natures particulières, les exceptions qui mènent le monde ; parce que ce sont elles qui payent de leurs luttes et de leurs souffrances la lumière et le mouvement de l'humanité.

TROISIÈME PARTIE

COUP D'OEIL D'ENSEMBLE. CLASSIFICATION. CONCLUSION

I

Un prince oriental avait une esclave admirablement belle qu'il épousa. Il mit à sa disposition un palais des plus confortables dont les fenêtres donnaient sur le fleuve, et il eut pour elle toutes les prévenances et tendresses. Un jour, de sa fenêtre, la belle princesse vit une pauvre femme, qui, pour faire des briques, pétrissait avec ses pieds de la terre molle. Et la belle princesse, aussitôt, pleura. Le prince voulut connaître les causes des larmes de sa bien-aimée.

— Je ne suis pas heureuse, répondit-elle, parce que je ne suis pas libre de faire ce que je veux, pas même de piétiner dans cette boue comme cette femme.

L'étiquette ne permit pas à la princesse

d'aller piétiner dans la boue. Le prince fit
remplacer l'eau des bassins par des parfums
et on y jeta des roses.

— Cela de la boue? s'écria la princesse.
Tout au plus un mélange de parfumeur.

Et la belle princesse se sentit plus malheureuse que jamais, si malheureuse qu'elle mou-
rut de chagrin.

La morale de ce conte est simple : le rêve
de bonheur, c'est de posséder ce qu'on n'a pas.
Cela est tellement vrai, qu'on n'aperçoit jamais
le bonheur qu'on a. On souffre plus d'un petit .
rêve irréalisé qu'on ne jouit d'un bonheur réel.

Guyau[1] prétend que le bonheur est en
grande partie une construction mentale faite
après coup. Il trouve qu'il faut se méfier également et de ceux qui se piquent d'avoir été
parfaitement heureux et de ceux qui se
plaignent d'avoir été parfaitement malheureux. Le bonheur achevé est fait avec du
souvenir et du désir, comme le malheur
absolu avec du souvenir et de la crainte. Nous
n'avons presque jamais eu conscience d'être
pleinement heureux, et pourtant nous nous

---

1. *Esquisse d'une morale sans obligation ni sanction,*
p. 89.

souvenons de l'avoir été. Où donc est le
bonheur absolu s'il n'est pas dans la conscience ? Nulle part, c'est un rêve dont nous
habillons la réalité, c'est l'embellissement du
souvenir comme le malheur absolu en est
l'obscurcissement. Le bonheur, le malheur,
c'est précisément le passé, c'est-à-dire ce qui
ne peut plus être ; c'est aussi le désir éternel,
qui ne sera jamais satisfait, ou la crainte toujours prête à renaître au moindre tressaillement d'alarme. Le bonheur ou le malheur
résulte ainsi d'une vue d'ensemble sur la vie
humaine qui est souvent une illusion d'op-
tique. Chacun des instants de notre vie pris
à part peut avoir cette indifférence agréable,
cette fluidité qui laisse à peine de trace sensible
dans le souvenir ; pourtant l'ensemble paraît
sombre, grâce à quelques moments de douleur
qui projettent leur ombre sur tout le reste, ou
heureux grâce à quelques heures lumineuses
qui semblent pénétrer toutes les autres.

Tout dépend des idées que nous avons sur
ce qui nous arrive et de notre conception du
bonheur. Ce qui fait dire justement : Le
bonheur et le malheur sont là où nous les
mettons.

Les utopistes distinguaient deux sortes de
plaisirs, sans le concours desquels le bonheur
ne peut subsister. Ceux du premier ordre sont
les plaisirs des âmes, —nous disons aujourd'hui
plaisirs intellectuels ; —ceux du second sont les
jouissances du corps qui consistent, avant
tout, dans la parfaite santé. On ne saurait, en
effet, disconvenir que la santé ne soit elle-
même un très grand bien. Nous ne pouvons
éprouver de plaisirs intellectuels que lorsque
tous nos organes sont sains et bien portants.

Dans notre *Esquisse*, nous avons divisé toutes
les conceptions du bonheur en deux grandes
classes : conception réaliste et conception
idéaliste. Nous avons vu que de ces deux
conceptions, — la santé mise à part, — c'est la
seconde qui l'emporte. La conception réaliste
est moins rationnelle, moins stable, plus fugitive que la conception idéaliste du bonheur.
Qu'importe à l'homme de posséder des richesses
et des biens conventionnels s'ils ne mettent
pas en équilibre toutes ses puissances morales
et intellectuelles? La conception réaliste du
bonheur engendre une lutte morbide et un
combat insensé. La lutte pour la vie! Le combat pour l'existence! Voilà le fait primordial

sur lequel repose la société actuelle tout
entière. Le monde est la scène de combats
incessants : individu contre individu, espèce
contre espèce. Les plus vigoureux, — par
mensonge ou ruse, — survivent et se multi-
plient, les faibles, — les plus naturels, les
plus moraux, — succombent et meurent.
L'idée de raison, de justice, de droit naturel
est purement relative. Le droit du plus fort
est la seule base de l'humanité. *Bellum omnia
contra omnes.*

Ce matérialisme utilitaire n'est, cependant,
pas l'idéal de l'humanité. Le réalisme brutal
ne peut pas être admis comme l'expression
logique et légitime de la vie ; il n'en est
qu'un aspect, le plus hideux. Le pessimisme
à outrance est une conséquence inévitable de
ce réalisme exagéré. En faisant de l'homme
une bête immonde ou une machine de circonstances, on brise en lui le ressort de l'énergie,
de la volonté, peut-être aussi celui du libre
arbitre, dans la mesure de sa relativité. Plus
de retours sur soi-même, plus de remords,
plus de doute, plus de nobles aspirations !

L'idéal de l'humanité n'est pas là, il est
autrement haut. Ce n'est pas exclusivement

l'intérêt, le positif, le monde extérieur, le bien
conventionnel qui offrent la véritable jouissance de la vie, la joie de vivre, la vraie vie,
mais la beauté morale, la sérénité dans la
souffrance supérieure, auxquelles on arrive
par l'amour, par l'art, par la pensée, par l'idéal
désintéressés. L'essence du bonheur est
l'amour et la pensée. Le Bonheur, c'est Être,
c'est-à-dire aimer et penser. Le bonheur est
l'aspiration vers l'idéal. L'idéal est un élément
essentiel de la vie, c'est le but concret où nous
croyons voir l'objet abstrait de nos tendances
diverses et longtemps confuses.

Le bonheur n'est pas un avoir, mais un
vouloir. On est déjà heureux quand on veut
l'être. L'un des éléments du bonheur, c'est
l'action de l'homme sur lui-même, l'effort
incessant de devenir intérieurement heureux.
L'homme ne peut connaître le bonheur que
s'il le cherche dans les profondeurs de son
être. Tout le bonheur que nous voulons tirer
de ce qui nous est étranger est un bonheur
faux. Si le bonheur ne nous vient pas de nous-
mêmes, il ne nous viendra de nulle part. Il
ne faut jamais écouter en soi d'autre voix que
la sienne.

Affranchissez-vous de la vie commune, affranchissez-vous de ce qu'elle a de manifestement bas, affranchissez-vous de tout ce qui prétend s'imposer sans contrôle. Une vérité n'a de valeur que quand on y est arrivé par soi-même. Il ne suffit pas de connaître ou de posséder une vérité, il faut que la vérité vous possède. Connaître une vérité, c'est avoir une « clarté » sur quelque chose, posséder une vérité, c'est avoir une certitude, mais si la vérité vous possède, vous ne simulez jamais aucun sentiment, vous êtes toujours sincère et vrai. Supprimez tout antagonisme entre vos idées et vos actions : la morale et le bonheur sont là et nulle part ailleurs. Pendant longtemps on se contenta de l'illusion d'avoir la vérité sans que l'on se fût jamais demandé si l'on pouvait effectivement posséder la vérité sans être vrai soi-même. La vie vraie, la vie morale n'est que la continuation et l'achèvement de la vie pensante, la première n'est que la préparation de la seconde.

Soyez vous-même, ne cherchez pas à imiter le bonheur des autres, et vous connaîtrez le bonheur. « La félicité, dit La Rochefoucault, est dans le goût, et non dans les choses ; et c'est par avoir ce qu'on aime qu'on est heureux, non par avoir ce que les autres trouvent aimable. » « La seule possession que je vous souhaite, c'est celle de vous-même[1]. » Considérez-vous comme plus puissant que vous ne l'êtes aux yeux des autres, et vous aurez plus de puissance ; considérez-vous comme plus heureux que les autres, et vous le serez. Essayez. Nous ne savons jamais avant de l'avoir essayé tout ce que nous sommes capables de faire. Ayez conscience de votre vie et que tous vos efforts tendent vers le bonheur par l'idéal. Le bonheur, c'est la poursuite d'une vie de plus en plus moralement belle, haute et harmonieuse, c'est l'aspiration vers la suprême intelligence.

1. Senèque.

II

Au point de vue de l'intelligence, la société actuelle se compose d'une série de cercles qui vont depuis un minimum d'intelligence pour aboutir aux produits les plus élevés du développement intellectuel. Tous ces cercles, toutes ces gradations peuvent être ramenés, de bas en haut, à trois catégories :

1° La plèbe bassement matérialiste, — les riches, les politiciens, — abrutie par l'oisiveté et le luxe.

2° La masse intellectuellement anéantie par le travail et la misère, mais dont les instincts, plus sains que ceux de la première catégorie, produisent une intelligence également plus saine, c'est-à-dire plus naturelle.

3° La collectivité d'émotifs et d'intellectuels, — poètes, artistes, penseurs, — subdivisée, elle aussi, en trois classes : 1° Les automates ; 2° les conscients ; 3° les génies.

La subdivision de la troisième catégorie est indispensable, car tout versificateur n'est pas poète, tout peintre, tout sculpteur n'est pas artiste, tout professeur, tout médecin n'est pas savant et penseur. Ce sont, pour la plupart, des automates; ils traduisent, imitent, répètent, sans en avoir conscience, ils ne créent pas.

Il n'est pas donné à tout le monde de méditer sur l'univers et sur soi-même, de créer un système, de l'exposer, de l'appliquer; il n'est pas donné à tous ceux qui se considèrent comme des artistes de créer une nouvelle forme d'art. Il y a plus d'artisans et de maçons que d'artistes, plus de professeurs que de philosophes. Il ne suffit pas d'être doué de certaines facultés élevées, il faut encore une forte dose d'objectivité. Il ne suffit pas d'avoir ou d'emprunter une idée, un sujet de poème, de statue, de tableau, de livre, il faut en avoir une vision nette, la sentir, l'aimer, se passionner pour elle, aspirer vers elle, il faut être pénétré du désir de s'y unir.

Les automates sont entraînés par l'imitation, ils subissent l'influence du milieu, des conseils, des conventions, de la nécessité, de la carrière. Ils n'ont aucune souplesse artistique ou intellectuelle. Leur vivacité n'est pas de la souplesse, ils ont l'air de tout saisir vite, mais ils passent d'une idée à une autre avec une mobilité purement automatique. Ils ont toujours une opinion sur tout, mais elle est celle de *quelqu'un* ou simplement de la grande majorité. Ils ne jugent jamais avant que le grand nombre ait jugé. Ils acceptent et suivent les opinions des plus forts, sans se soucier de savoir où sont le droit et la vérité. L'équité leur est inconnue. On peut attendre de l'équité de celui qui juge par lui-même. Or, les automates ne sont jamais des unités, mais toujours des éléments d'une unité. Ils appartiennent à une classe, à un groupe dont ils tiennent la puissance et le prestige. Savoir vivre pour eux est savoir se plier aux exigences positives de la caste la plus forte. Ce sont des médiocres. Leur grandeur est bornée, leurs aspirations se limitent à leur propre existence, froide, sans but élevé. Les automates surveillent avec tremblement leurs actes, leurs désirs, leurs pensées ; ils manient admirablement l'inhibition ; ils cultivent l'art d'être prudents, d'être nuls ; esclaves d'une caste,

d'un groupe, une crainte vague et immense
les domine, qui étrangle leurs joies dépour-
vues d'ampleur. Ils ne font aucun effort pour
sortir de leur nature, leur amour-propre tout
puissant les cloue à jamais au rayon étroit de
leurs mesquins intérêts. En cela, il y a de
la parenté psychologique entre les automates
intellectuels et la plèbe capitaliste. Ils gardent
tous des survivances, des préjugés, des mensonges conventionnels. C'est aux automates
que Kant a pensé en disant que le sens commun est une des plus subtiles inventions des
derniers temps : il permet au plus niais far-
ceur de s'en prendre au penseur le plus profond. C'est un appel à l'opinion vague et anonyme, donc un bavardage sans valeur, dont
le philosophe doit rougir, mais qui fournit
au premier malin venu un triomphe facile et
l'occasion de faire le vantard.

Ce qui distingue les automates des conscients, c'est l'effort constant de ces derniers
pour s'élever au-dessus de leur niveau, de leur
nature ; ce sont leurs tendances à briser les
chaînes séculaires des préjugés, des traditions, leur désir de créer une forme nouvelle,
de faire naître une idée, une pensée. L'auto-

mate a rarement besoin de prendre une réso-
lution, une décision, il agit comme il pense,
d'après les autres ; il est totalement dépourvu
du sentiment critique. Par contre, le conscient pense par lui-même ; par conséquent, il
est appelé à prendre des décisions, des résolutions, le sentiment critique est chez lui très
développé, souvent trop développé, ce qui
l'empêche d'agir. L'automate conclut avant
de juger, le doute lui est inconnu. Le conscient est scrupuleux et silencieux ; l'automate est parleur, souvent même orateur [1].
Dans les réunions, c'est l'automate qui
demande toujours la parole, la vivacité chez
lui remplace la réflexion, son travail cérébral est nul. Le conscient connaît le doute
logique, son cerveau est toujours en mouvement, il est donc plus circonspect et, par
conséquent, plus lent en paroles ; il est plus
entier, il exprime sa pensée moins vite, mais
elle est plus profonde, plus claire. Ceux qui
sont vraiment profonds cherchent à être

---

[1] La faculté oratoire est un art inférieur. Les habiles
savent en user pour captiver les médiocres qui s'intéressent moins à l'idée qu'à la fabulation, même absurde,
pourvu qu'elle flatte leurs désirs et leurs penchants.
L'orateur ne produit pas, ne crée pas, il imite, répète ; il
n'est jamais créateur, toujours vulgarisateur.

clairs; ceux qui voudraient paraître profonds
s'efforcent d'être obscurs. L'automate se
donne et se reprend avec une mobilité de
singe, le conscient ne se donne pas facilement mais, quand il se donne, c'est à jamais;
il est plus timide, mais aussi plus franc, plus
sincère, plus vrai que l'automate; malgré
son sens critique, le conscient a des élans
de pensée et de sentiment, il est plus tolé-
rant, plus accessible aux douleurs d'autrui.
Habile, hypocrite, l'automate est plus bril-
lant, mais aussi plus éphémère que le conscient. Il est de toutes les sociétés, de tous
les congrès, il n'en a jamais assez, il a l'air
de tout savoir, d'être au courant de tout;
frotté de savoir livresque, il se propose
comme guide intellectuel à des hommes qui
ont sur lui une incontestable supériorité.
Le savoir du conscient est réel, mais, très
modeste, pénétré de doute et de sens critique,
il semble presque toujours ce qu'il ne voudrait pas être et très rarement tel qu'il aspire
à être ou est réellement. L'automate perd à
être connu de près, il a beaucoup d'amis,
mais pas dans son entourage immédiat. Le
conscient n'a pas d'amis ou peu, mais qui le

tiennent en grande estime. Il est toujours vrai, le mensonge lui est étranger, et, par là, il est une force sociale des plus relevées. Il est toujours méconnu et ne se révèle que dans des circonstances graves de la vie sociale.

Si l'influence journalière de l'intellectuel conscient n'est pas proportionnelle à ses mérites et à sa valeur morale réelle, c'est que ses qualités demeurent souvent platoniques ; elles se transforment rarement en actions, son sentiment critique très développé l'empêche d'agir ; il lui manque la force, la volonté propres à la troisième catégorie des intelligences : le génie.

III

Nous sommes à l'heure actuelle loin de
l'affirmation de Moreau de la Tour : « Le
génie est une névrose », et de celle de Lombroso : « Le génie est une épilepsie larvée. »
Ce n'est pas la névrose qui détermine le génie,
c'est le génie, c'est-à-dire la supériorité intellectuelle qui, par le travail excessif, aboutit à
la névrose. Même M. Nordau[1], disciple de
Lombroso, répudie, sous ce rapport, son
maître. M. Nordau sépare le talent et le génie.
Un homme de talent est un être qui accomplit des activités généralement ou fréquemment pratiquées mieux que la majorité de
ceux qui ont cherché à acquérir la même
aptitude ; un génie est un homme qui imagine des activités nouvelles non encore pra-

1. *Le génie et le talent.* Voir notre analyse de cet ouvrage
in *Revue philosophique*, 1897, t. II.

tiquées jusqu'à lui, ou pratique des activités connues d'après une méthode entièrement propre et personnelle. Le talent n'est nullement limité à l'humanité; il existe aussi dans le règne animal. Le génie au contraire, en tant que manifestation individuelle, n'est imaginable que chez l'homme. Le génie, dont la qualité essentielle consiste dans le pouvoir d'élaborer à sa façon propre les aperceptions du monde extérieur, a pour prémisse un développement organique supérieur; le clavier de son esprit possède en quelque sorte une octave de plus. Le talent n'a pas de substratum anatomique; il ne repose pas sur un développement particulier des centres, mais sur un plein déploiement, acquis par l'exercice des dispositions naturelles. Le génie n'est ni névrosé, ni malade, ni dégénéré. Le génie est évolutif. Il est la première apparition, dans un individu, de fonctions nouvelles, — et sans doute aussi de tissus nouveaux ou modifiés du cerveau, — destinées, peut-être, à devenir ensuite typiques pour l'espèce entière. Le génie est exposé fréquemment à des troubles cérébraux; mais cela ne prouve nullement que le génie est *a priori* une psychose. Le génie repose exclusivement sur la perfection exceptionnelle des centres cérébraux suprêmes et par conséquent purement humains, dont nous considérons comme fonctions le jugement et la volonté. C'est par le jugement et la volonté seuls, et par rien d'autre, que le génie est un génie. Le jugement est une activité qui, de représentations données par des impressions sensorielles ou par une activité du jugement antérieure, développe librement de nouvelles représentations. La matière qu'élabore le jugement est fournie par la mémoire qui, de son côté, puise dans les impressions sensorielles, et par l'intellect, qui interprète ces impressions. La volonté est l'activité d'un centre dont l'unique tâche dans l'organisme est de produire des contractions des muscles, autrement dit de distribuer des impulsions motrices. Cette définition s'écarte de celle de Kant et se rapproche de celle de Schopenhauer qui nomme volonté ce qui cause des mouvements non seulement dans un organisme, mais aussi dans les choses inorganiques. La définition de Ribot, d'après laquelle la volonté serait « la réaction du *moi* sur les impressions du monde extérieur » est la plus rationnelle ; elle est simple, large et embrasse toute la conscience. Le génie est à peu près complètement affranchi de mouvements d'âme obscurs à demi-inconscients ou inconscients. Pour M. Nordau, il n'est en aucune manière sentimental. Aussi produit-il l'impression du dur et du froid. Ces mots signifient tout simplement qu'il est purement cogitationnel, non émotionnel. De cette organisation il résulte aussi que le génie est très difficilement accessible aux idées originales élaborées dans d'autres têtes. Ses centres sont organisés pour un travail original, non pour l'imitation du travail d'autrui. M. Nordau fait très peu de cas du génie émotionnel. « Les poètes et les artistes, affirme-t-il, ne sont pas des génies. Le génie émotionnel ne crée en réalité rien de nouveau, n'enrichit pas le contenu de la conscience humaine, ne trouve pas de vérités inconnues et n'exerce pas d'influence sur le monde des phénomènes. Or, le caractère particulier du génie se reconnaît par l'aptitude à former les représentations neuves différant de celles jusque-là connues. » Ce paradoxe nous semble douteux. Sans doute, les concep-

tions poétiques et artistiques ne sont que des
copies de copies, et l'inspiration spontanée y
est largement mêlée d'idées déjà faites et
d'images empruntées à des sources diverses. •
Mais en tant qu'elles sont encore réellement
involontaires, en tant qu'elles ressemblent
plus ou moins aux véritables conceptions
spontanées, elles sont encore plus ou moins
près d'être une synthèse complète de l'âme
humaine. Les traces qui nous restent des
premières conceptions instinctives de l'esprit
humain suffisent pour nous prouver qu'elles
n'ont pas été seulement la poésie même, mais
qu'elles étaient tout aussi bien, et par la même
raison, la philosophie, la physique et la psychologie de la jeune humanité. C'étaient les
premières formes d'impression qui fussent
parvenues à se dessiner, à se définir et à
s'exprimer ; c'étaient les *seuls* mots distincts
que l'âme des hommes eût prononcés, et ces
mots sont devenus les *premiers* vocables des
langues, les notions primaires qui, par combi-
naison, ont fourni aux esprits les moyens de
se dénommer toutes leurs affections et leurs
perceptions. Les poètes primitifs n'ont-ils
rien créé de nouveau ? Et leur influence

n'était-elle pas grande? La formule : « Le génie émotionnel n'est pas à vrai dire un génie », n'a pas de base scientifique. Au lieu d'épeler et de voir le monde dans les idées, les poètes et les artistes, — génies émotionnels, — contemplent face à face la grande vérité continue ; ils sont immédiatement en contact avec le monde des essences et des substances. Les langues humaines n'ont pas de paroles pour rendre cette espèce de vision qui est tout à la fois connaissance, affection, volonté, et qui cependant n'est qu'une sensation pure, la sensation divinement complète qui consiste non plus seulement à apercevoir des effets et à concevoir derrière eux les causes invisibles qui sont à l'œuvre en nous et hors de nous, mais à sentir directement ces causes, à sentir opérer au sein même de notre être toutes les forces du grand tout.

Nous n'acceptons pas, non plus, la classification des génies de M. Nordau. Considérant que les plus hauts parmi les génies sont ceux qui réunissent la génialité du jugement à celle de *la volonté*, il accorde le premier rang aux capitaines et conquérants. Or, il n'y a pas de génie parmi les capitaines, les

conquérants destructeurs. Napoléon n'est pas
un génie, c'est un destructeur de vies humaines
pour la seule satisfaction de son ambition
morbide. Spinoza, Pasteur sont des génies.
Nous trouvons chez eux non seulement le
jugement, mais aussi la volonté de réaliser,
de transformer en forme, pour ainsi dire,
concrète leur jugement, leur force morale et
intellectuelle, leur savoir. Les capitaines et
les conquérants encombrent l'histoire et mas-
quent la vérité. Les historiens, en racontant
uniquement les guerres, les exploits et les
aventures des conquérants, ne font pas la
vraie histoire, laquelle ne se trouve que dans
la vie du peuple.

En second lieu, suivant M. Nordau, viennent les génies de jugement avec un bon,
mais non un génial développement de la
volonté, les grands expérimentateurs et inventeurs. M. Nordau laisse le troisième rang
aux « purs génies de jugement », les penseurs, les philosophes. Par leur connaissance,
leur sagesse, leur don de divination des faits
non perceptibles par les sens, éloignés dans
le temps ou dans l'espace, ils se caractérisent
comme les génies légitimes de la même famille

que les fondateurs d'États et les inventeurs.
Mais ils sont incomplets, en ce que les représentations qu'élabore leur jugement avec une
perfection magnifique demeurent dans leur
cerveau ou prennent tout au plus corps sous
la forme de paroles écrites ou parlées. « *Ils
n'ont pas d'influence directe sur les hommes
ou sur les choses inanimées.* » Derrière les
trois catégories des génies cogitationnels
viennent enfin les génies émotionnels « qui
se distinguent de la foule moyenne par une
plus grande vigueur du travail automatique
de leurs centres, mais non par un développement original personnel de ceux-ci. »

Cette hiérarchie de génies ne nous satisfait
guère. Nous proposons une autre classification. Nous mettons les penseurs et les philosophes au premier rang. « Ils n'ont pas d'influence directe sur les hommes », mais ce sont
leurs idées qui font agir « les hommes d'action et ceux qui font l'histoire du monde ».
Il suffit à l'idée, à la pensée de s'énoncer fidèlement, et elle est sûre de parler en même
temps à l'intelligence, aux sympathies, aux
sens des autres hommes. Certes, elle ne commence que par une impression confuse mais,

grâce à l'évolution, elle est sûre de faire jaillir, tôt ou tard, de toutes leurs facultés comme un ensemble de notes qui se fondent en un seul chant, et cela par la seule raison qu'elle est précisément une conception produite par l'harmonie, par l'accord parfait de toutes les puissances sentantes, pensantes et agissantes. Si ce n'est pas le philosophe qui agit mais sa pensée, ce n'est pas une raison d'enlever au premier le rang qui lui est dû dans la hiérarchie de génies. M. Nordau y accorde bien le second rang aux expérimentateurs et inventeurs, et pourtant celui qui croit découvrir ou inventer quoi que ce soit ne fait qu'extraire ce qui était déjà renfermé dans les impressions primitives telles qu'elles se sont imaginées avant que les hommes fussent capables de juger, de raisonner et de vouloir.

Donc, au premier rang il faut placer les penseurs et les philosophes; au second rang, « les génies émotionnels » : poètes, artistes. Encore y a-t-il des génies émotionnels-intellectuels (Gœthe, Léonard de Vinci, Tolstoï) pour lesquels le premier rang dans la hiérarchie est tout indiqué. Enfin, au troisième rang, il faut mettre ceux qui s'inspirent des

deux premières catégories en appliquant leurs
théories, leurs idées, leurs rêves, c'est-à-
dire les hommes d'action qui forment et or-
ganisent les collectivités, qui vivent et
agissent pour accomplir les destinées des
peuples.

L'homme de génie — de tous les rangs —
est l'homme complet, l'homme idéal, l'homme
tel qu'il devrait être, tel qu'il serait toujours
si le développement de ses facultés n'était
arrêté par des causes extérieures. L'homme
de génie est absolument indépendant, moralement et intellectuellement libre. Pour sa
propre vie, il se suffit à lui-même, il tire
toute sa substance de son propre fonds, il vit
et, par là même, il crée la vie et la destinée
des collectivités.

Le caractère du génie est-il toujours à la
hauteur de son intelligence? Suivant Ribot[1],
on pourrait prouver par de nombreux
exemples que le développement excessif de
l'intelligence entraîne souvent une atrophie
du caractère. Les grands manieurs d'abstrac-
tions, confinés dans la spéculation pure,
tendraient à réduire leur vie ordinaire à une

1. *Psychologie des sentiments*, p. 382.

routine monotone, d'où l'émotion, la passion,
l'imprévu dans l'action seraient exclus autant
que possibles. Il y a là une certaine exagération. Schopenhauer a-t-il vraiment raison
de dire que beaucoup d'hommes de génie
sont « des monstres par excès », c'est-à-dire
par l'hypertrophie des facultés intellectuelles?
« Si l'homme normal, dit Schopenhauer, est
formé de deux tiers de volonté et d'un tiers
d'intellect, l'homme de génie comprend deux
tiers d'intellect et un tiers de volonté ». Ribot
admet des exceptions ; elles prouvent non que
le développement de l'intelligence favorise
celui du caractère ; mais que, chez quelques-
uns, l'intelligence ne l'entrave pas. L'intelligence n'est pas un élément fondamental du
caractère : elle est la lumière, elle n'est pas
la vie, ni par conséquent l'action.

Sans doute, il serait faux de supposer que
le caractère du génie est toujours à la hauteur de son intelligence, comme il serait pué-
ril d'admettre que les génies sont, sous tous
les rapports, des perfections absolues. Les
grands hommes ne sont pas exempts de fai-
blesses. Si, comme dit Pascal, ils ont la tête
plus haute que nous, ils ont les pieds aussi

bas que les nôtres et s'appuient sur la même
terre ; et par cette extrémité ils sont aussi
abaissés que les plus petits. Mais ce que Schopenhauer et Ribot appellent « l'atrophie du
caractère » a sa cause principale non pas
dans l'intelligence excessive du génie, mais
dans le milieu, souvent défectueux, qui l'entoure. Qu'est-ce qu'un caractère ? Le signe
matériel d'une idée ou d'une qualité individuelle, c'est-à-dire d'une intelligence. Or,
non seulement le milieu immédiat, mais
l'état de choses existant en général s'oppose
toujours aux qualités individuelles du génie.
Nietzsche prétend que « si l'on a du caractère,
on a dans sa vie un événement typique qui
revient toujours. » Ce n'est pas le caractère,
ce n'est pas l'intelligence qui crée cet événement typique, c'est le milieu, c'est le monde
où ce caractère se manifeste. L'antagonisme,
le conflit du génie et de son milieu, qui lui
est toujours inférieur, produit l'événement
typique dont parle Nietzsche. Les idées, les
actions des intelligences supérieures semblent
monstrueuses non parce qu'elles le sont réellement, mais parce qu'elles sont hors de la
vie commune, tandis que les erreurs mêmes

des esprits vulgaires sont trop courantes pour scandaliser personne.

Les automates qui suivent toujours le courant sont mieux compris, plus approuvés et ont plus de succès que les intellectuels conscients ou les génies. Le monde ne fait bon accueil qu'aux hommes et aux œuvres qui manquent d'originalité. Un écolier supérieurement doué a plus de peine à se faire remarquer par ses maîtres qu'un autre qui dépasse peu la moyenne, par la raison même que, le plus souvent, le premier est plus indépendant, s'engage dans une voie originale et trouve peu de goût à un enseignement machinal, réglé par des programmes mortellement lourds pour l'esprit. Cela n'empêche pas les élèves sans valeur de profiter, le cas échéant, des aptitudes supérieures de leur camarade méconnu. Si J.-J. Rousseau revenait parmi nous, il est à peu près certain qu'aucune université ne lui offrirait de chaire de philosophie sociale. Cela n'empêche pas un grand nombre de professeurs de disserter sur le *Contrat social* uniquement pour déclarer que Jean-Jacques est fou. Il ne leur vient pas à l'idée que si Rousseau n'avait pas existé, ils n'auraient, eux, rien à enseigner à leurs élèves. On connaît le peu de tendresse de Schopenhauer à l'égard des professeurs. Ils considèrent le génie comme un lièvre dont on ne peut jouir que lorsqu'il est mort et susceptible d'être apprêté, et sur lequel par conséquent, tant qu'il vit, on doit se contenter de tirer. Sur toute la terre, — dans tous les temps, — il existe une conjuration de toutes les cervelles médiocres, mauvaises et stupides contre l'esprit et l'intelligence. On n'aime pas les êtres exclusifs, on n'aime pas les exceptions. Mais le génie, pour être heureux, n'a pas besoin du monde, il trouve tout en lui-même, il porte en lui le secret du bonheur : il sait se passer d'espérance. Espérer n'est pas vivre. Le génie vit.

IV

L'espérance est mauvaise même pour les hommes ordinaires. L'espérance a l'inconvénient d'enlever toute valeur à ce qui se trouve à la portée de la main. Les joies qu'on pourrait avoir détruisent celles qu'on a. Pourquoi souffrir que des espérances vaines et douteuses nous enlèvent des jouissances, morales ou intellectuelles, souvent certaines ? Un grand obstacle au bonheur, c'est de s'attendre à un trop grand bonheur. L'espérance est la plus grande de nos folies. Cela bien compris, tout ce qui arrive d'heureux surprend. « Savoir peu espérer et beaucoup jouir des choses, dit Gœthe, est le vrai secret du bonheur. » L'espérance est la poésie des malades : le génie n'en a point besoin. Ce n'est pas le vain espoir, mais la faculté morale de souffrir, comme nous l'avons déjà vu, qui atteste

et personnifie en lui l'idéal *immédiat* qui est
dans l'homme. Cet idéal, c'est le rapprochement de l'homme avec la nature, c'est-à-dire
l'unité du réel et de l'idéal, la nature étant à
la fois activité productrice idéale et système
de produits réels *immédiats*. C'est dans les
leçons de la nature que les génies, dans tous
les temps, ont puisé leurs forces. Plus on a
souffert de la société, plus la nature semble
mystérieusement profonde et éloquente, ins-
piratrice et consolatrice. Qu'est l'homme,
sinon la plus belle explication, un paysage
délicat et éclectique de la nature ? Pour
Thomas Morus, la vertu n'est autre chose
que l'observation rigide de la loi naturelle,
invariable et permanente, gravée en nous
pour nous servir de règle dans la vie. Le plus
grand bonheur, c'est de vivre selon la loi
naturelle ; vivre selon la loi naturelle, c'est
ne consulter que la raison, pour savoir d'elle
ce que nous devons ou ne devons pas faire,
ce qui doit être l'objet de nos désirs ou de
notre aversion. Ainsi la morale du bonheur
s'identifie avec la morale naturelle, c'est-à-
dire avec la morale de la raison.

On sait quelle large place Spinoza donne

dans sa philosophie au *droit naturel* [1]. Par droit naturel il n'entend pas autre chose que les *lois de la nature de chaque individu*. Il admet que la nature, considérée d'un point de vue général, a un droit souverain sur tout ce qui est en sa puissance, c'est-à-dire que le droit de la nature s'étend jusqu'où s'étend sa puissance. La puissance de la nature possède un droit souverain sur toutes choses; mais comme la puissance universelle de toute la nature n'est autre chose que la puissance de tous les individus réunis, il en résulte que chaque individu a un droit sur tout ce qu'il peut embrasser, ou, en d'autres termes, que le droit de chacun s'étend jusqu'où s'étend sa puissance. Et comme c'est une loi générale de la nature que chaque chose s'efforce de se maintenir, n'ayant égard qu'à sa propre conservation, Spinoza conclut que chaque individu a le droit absolu de vivre et d'agir selon qu'il y est déterminé par sa nature.

La nature ne divise pas les hommes, elle les invite à se rapprocher. « N'accuse pas la nature, dit Milton à l'homme, elle a fait son

1. *Tractatus theologico-politicus*, XVI.

devoir envers toi ; à ton tour fais le lien. »
Il y a dans la nature une portion de bonheur
pour tous les hommes, mais une grande partie
de l'humanité en est privée.

C'est cette privation arbitraire, pour la
grande majorité des hommes, des biens naturels qui ne nous permet ni de juger sainement l'intelligence de la masse intellectuellement anéantie par le travail démesuré et
la misère, ni de déterminer la part de bonheur
que procure le travail.

La valeur du travail, son pouvoir de procurer du bonheur doivent être envisagés
uniquement dans le sens que le travail supprime *le vide* de la vie ; il est une sorte de
gymnastique physique ou cérébrale, il régu-
larise nos fonctions physiologiques et intellectuelles, mais il est une torture si l'on y
est contraint, assujetti. Le travail pour celui
qui *doit* travailler, démesurément, est un
mal, même si les résultats lui sont profitables
au point de vue matériel.

Peut-on juger de l'intelligence ou de la conception du bonheur des masses qui travaillent
péniblement douze heures par jour ? Comment peut-elle se manifester, l'intelligence

de l'homme qui passe son existence sans
lumière, qui se sent dépérir dans l'air empesté,
qui travaille, qui peine, dont la nature
humaine ne se révolte même plus, tant elle
est anéantie?

La nourriture intellectuelle est aussi inégale
dans notre société que la nourriture matérielle; souvent la plus petite parcelle de ce qui
en est offert à l'homme riche et oisif ferait le
bonheur de tel esprit dépourvu de ressources,
mais curieux, et peut-être lui suffirait à faire
une nouvelle découverte. Que de talents, que
de génies sommeillent dans la foule igno-
rante, empêchés de prendre leur légitime
essor, obligés de traîner la charrue du labeur
quotidien, tandis que dans la chaire de la
science s'étalent l'incapacité et l'étroitesse
d'esprit! Pour vivre normalement, il faut à
l'homme une alimentation saine pour le corps
et pour l'esprit, alimentation que la terre et
la civilisation sont en mesure de lui procurer.
Formés d'une même nature, tous les hommes
ont les mêmes droits. Et pourtant les uns se
voient privés de toutes sortes de biens, tandis
que les autres en regorgent; ceux mêmes qui
travaillent sont le plus souvent les seuls qui ne

profitent pas du produit de leur travail, tandis
que les hommes oisifs le recueillent avec
abondance. Sans pain, le bonheur, la vie elle-
même n'est pas possible. La science, les
lettres, l'art, la morale, tous ces fruits de
l'intelligence sont vains, si l'homme n'a pas
de pain. Qui peut se dire heureux s'il manque
d'aliments ou s'il est obligé de passer sa vie
à un travail douloureux et inhumain? Peut-
être un Spinoza, un Kant, un Michel-Ange,
un Pasteur est-il mort de faim sans nous
révéler le secret de sa pensée, le sens de la vie
qu'il portait en lui ?

La masse, pour parler biologiquement,
n'est pas encore différenciée pour nous
montrer tous ses trésors intellectuels. Nous
ne pouvons en deviner la puissance et la
valeur que par l'affinité qui existe entre la
masse laborieuse et le génie. Le génie est le
produit de la masse, il ne se recrute pas dans
le milieu de la plèbe oisive. Toute originalité,
tout talent, tout génie sort du peuple. C'est le
peuple qui entretient la vie matérielle du
monde par son travail incessant; par les éléments de justice et de simplicité qui sont en
lui, il conserve la vie morale. Il peut, sans

doute, subir la contagion démoralisante des
castes oisives, mais, en bloc, il reste toujours
moins dépravé que ces dernières. Il est plus
porté vers le génie que vers ses corrupteurs.
Les hommes du peuple, les vrais travailleurs,
incapables de concevoir exactement la grandeur du talent ou du génie, sont prêts à lui
dire : « Nous ne te comprenons pas, mais
nous sentons que tu es plus noble, plus sage
que les autres, et nous voudrions te suivre
fidèlement. » Tous les génies s'appuient sur
les foules pour la réalisation de leurs des-
seins universels. Le génie n'est séparé de la
masse qu'arbitrairement par la plèbe capitaliste, c'est-à-dire par les parasites incapables
de produire eux-mêmes et ayant besoin du
travail de la masse. L'intelligence naturelle
des masses est plus étendue qu'on ne le croit
habituellement. Si les masses n'acceptent pas
sans résistance de nouvelles idées, de nouvelles formes de vie, élaborées et émises par
les génies, c'est parce que la collectivité para-
sitique les empêche de secouer les liens de
l'habitude.

On accuse souvent la science des inégalités qui se perpétuent et s'accroissent, de

l'obscurité morale qui règne dans la société humaine. Ce n'est pas la science qu'il faut condamner, c'est l'organisation révoltante par laquelle une seule classe s'étant emparée de ce qui a jailli du cerveau humain depuis des siècles, en détourne, pour elle seule, les effets bienfaisants. L'erreur des savants et des artistes, c'est de contribuer à la prospérité de cette classe, c'est de se mettre à son service. L'œuvre d'art ou de pensée est égoïste et socialement nuisible quand elle s'adresse à la classe arbitrairement privilégiée, en servant ses intérêts. Tout homme libre, tout artiste, tout penseur qui met son travail, son savoir, son nom au service des parasites soi-disant puissants, se met en dehors de l'humanité morale; il prouve par là qu'il est lui-même atteint de parasitisme, qu'il porte en lui les tendances à devenir paria. Les aptitudes parasitiques s'acquièrent. C'est contre ces parias, contre ces parasites que doit lutter le génie. La tâche du génie est de briser les obstacles qui le séparent des masses et de leur révéler leur puissance, leur force naturelles.

V

Les génies, les grands hommes sont les véritables trésors de l'humanité. Carlyre[1] estime, avec raison, que l'histoire universelle, l'histoire de ce que l'homme a accompli dans le monde, est au fond l'histoire des grands hommes. Ils ont été les conducteurs des peuples, les formateurs, les modèles, les créateurs de tout ce que la masse des hommes est parvenue à faire ou à atteindre. Toutes les choses que nous voyons debout dans le monde sont le résultat matériel extérieur, l'accomplissement pratique, l'incarnation des pensées émises par les grands hommes.

Mais si nous considérons « la production des talents intellectuels comme la plus importante de toutes, comme plus importante que les récoltes de coton et de maïs », si nous

1. *On heroes*, I.

admettons qu' « un million d'imbéciles n'équi-
valent pas à un homme de génie », nous re-
poussons la théorie d'après laquelle le monde
n'existerait que pour les *grands hommes*,
les masses n'étant bonnes qu'à leur servir de
marchepied. Il est faux de prétendre que le
grand homme est le but de l'humanité. Si la
fin de l'humanité était de produire quelques
unités supérieures, son existence n'aurait pas
de raison d'être, car quel serait alors le but
de ces unités supérieures? Nous ignorons la
fin de l'humanité, mais nous pouvons, nous
devons admettre que le but du grand homme,
c'est d'indiquer le chemin à l'humanité, c'est
de lui montrer *comment il faut vivre*. On n'est
vraiment grand qu'à cette condition-là. — Le
grand homme ne doit pas se prévaloir de l'iné-
galité sociale pour cultiver en lui le sentiment
de sa supériorité. Au contraire, cette supériorité du grand homme doit fortifier le sentiment de son devoir envers les masses. Le grand
savant, le grand écrivain, le grand artiste doit
profiter de sa renommée, de sa puissance
morale, de la foule déjà groupée autour de son
nom, pour jeter des paroles de justice, de vérité
sociale et, s'il le faut, de révolte; il doit surtout,

par l'exemple de sa vie, indiquer *comment vivre*. Il doit donc, avant tout, établir une identité parfaite, absolue et harmonieuse entre ses principes et sa vie. C'est, pour lui, le meilleur moyen de créer, de fortifier et de maintenir l'unité du monde moral et social. Nul grand progrès dans le sort de l'humanité n'est possible tant qu'il ne se fera pas un grand changement non seulement dans la constitution fondamentale de penser, mais aussi dans la manière de vivre. Il faut que tout homme conscient mérite le mot de Merck à Gœthe : « Ta vie vaut mieux que ton œuvre. » C'est l'idéal vers lequel tendent le progrès et la civilisation.

Au point de vue de l'idéal, l'humanité est encore bien laide, mais quand on jette un coup d'œil sur ses origines, on s'aperçoit qu'elle n'a pas tout à fait perdu son temps. Il ne faut pas prendre la minorité engloutie dans le vice pour l'humanité entière. Les corrupteurs et les corrompus qui rongent l'univers ne représentent pas l'humanité. Jadis on ne travaillait pour les autres que lorsqu'on en espérait quelque profit pour soi-même. L'instinct du bien commun s'est développé progressivement.

Nous connaissons maintenant l'esprit de sacrifice volontaire et désintéressé. Le temps fait
son œuvre, mais il n'est pas le seul collabo-
rateur du progrès, chacun de nous doit l'aider
en mesure de ses forces.

L'homme conscient est troublé d'un doute
nouveau : « Pourquoi ne vivrais-je pas suivant mes idées et ma conscience ? » Ce doute
gagnera toute l'humanité. Rongée par les
parasites, elle n'a pas encore vécu de sa vie
pleine et entière, son intelligence n'a pas pu
se manifester normalement, mais le jour
viendra où elle se révélera grandiose dans
l'idéal d'une conscience libérée, elle se dres-
sera fière dans l'épanouissement de son intelligence et victorieuse dans sa haute conception
de bonheur.

TABLE DES MATIÈRES

ÉVREUX, IMPRIMERIE DE CHARLES HÉRISSEY

BIBLIOTHÈQUE DE PHILOSOPHIE CONTEMPORAINE
Volumes in-18, chaque vol. broché : 2 fr. 50

EXTRAIT DU CATALOGUE

J. Stuart Mill.
Auguste Comte. 6ᵉ édit.
L'utilitarisme. 3ᵉ édit.
Corresp. avec G. d'Eichthal.

Herbert Spencer.
Classification des sciences.
L'individu contre l'État. 6ᵉ éd.

Th. Ribot.
La psych. de l'attention. 7ᵉ éd.
La philos. de Schopen. 9ᵉ éd.
Les mal. de la mém. 16ᵉ édit.
Les mal. de la volonté. 18ᵉ éd.
Mal. de la personnalité. 10ᵉ éd.

Hartmann (E. de).
La religion de l'avenir. 6ᵉ éd.
Le Darwinisme. 7ᵉ édit.

Schopenhauer.
Essai sur le libre arbitre. 9ᵉ éd.
Fond. de la morale. 8ᵉ édit.
Pensées et fragments. 18ᵉ éd.

L. Liard.
Logiciens angl. contem. 3ᵉ éd.
Définitions géomét. 3ᵉ éd.

Naville.
Nouv. classif. des scienc. 2ᵉ éd.

A. Binet.
La psychol. du raisonn. 3ᵉ édit.

Mosso.
La peur. 2ᵉ édit.
La fatigue. 4ᵉ édit.

G. Tarde.
La criminalité comparée. 5ᵉ éd.
Les transform. du droit. 4ᵉ éd.
Les lois sociales. 3ᵉ éd.

Ch. Richet.
Psychologie générale. 5ᵉ éd.

Bos
Psych. de la croyance.

Guyau.
La genèse de l'idée de temps.

Tissié.
Les rêves. 2ᵉ édit.

J. Lubbock.
Le bonheur de vivre (2 vol.)
L'emploi de la vie. 4ᵉ édit.

Queyrat
L'imagination et ses variétés
chez l'enfant. 3ᵉ éd.
L'abstraction dans l'éduc.
Les caractères et l'éducation
morale. 2ᵉ éd.
La logique chez l'enfant. 2ᵉ éd.

Wundt.
Hypnotisme et suggestion.

Fonsegrive.
La causalité efficiente.

Guillaume de Greef.
Les lois sociologiques. 3ᵉ édit

Gustave Le Bon.
Lois psychol. de l'évolution
des peuples. 6ᵉ édit.

Gustave Le Bon (suite).
Psychologie des foules. 8ᵉ éd.

G. Lefèvre.
Obligat. morale et idéalisme.

Durkheim.
Règles de la méthode sociolog.

P.-F. Thomas.
La suggestion et l'éduc. 3ᵉ éd.
Morale et éducation.

Mario Pilo.
Psychologie du beau et de l'art.

R. Allier.
Philos. d'Ernest Renan. 2ᵉ édit.

Lange.
Les émotions.

E. Boutroux.
Conting. des lois de la nature.

L. Dugas.
Le psittacisme.
La timidité. 3ᵉ édition.
Psychologie du rire.

C. Bouglé.
Les sciences soc. en Allem.

Max Nordau.
Paradoxes psycholog. 5ᵉ édit.
Paradoxes sociolog. 4ᵉ édit.
Génie et talent. 3ᵉ édit.

J.-L. de Lanessan.
Morale des philos. chinois.

G. Richard.
Social. et science sociale. 2ᵉ éd.

F. Le Danteo.
Le déterminisme biol. 2ᵉ éd.
L'individualité.
Lamarckiens et Darwiniens.

Flérens-Gevaert.
Essai sur l'art contemp. 2ᵉ éd.
La tristesse contemp. 4ᵉ éd.
Psychologie d'une ville. 2ᵉ éd.
Nouveaux essais sur l'art
contemporain.

A. Cresson.
La morale de Kant.

J. Novicow.
L'avenir de la race blanche.

G. Milhaud.
La certitude logique. 2ᵉ éd.
Le rationnel.

F. Pillon.
Philos. de Ch. Secrétan.

H. Lichtenberger.
Philos. de Nietzsche. 7ᵉ édit.
Frag. et aphor. de Nietzsche.

G. Renard.
Le régime socialiste. 4ᵉ édit.

Ossip-Lourié.
Pensées de Tolstoï. 2ᵉ édit.
Nouvelles pensées de Tolstoï.
La philosophie de Tolstoï.
La philos. sociale dans Ibsen.

Ossip-Lourié (suite)
Le bonheur et l'intellig.

M. de Fleury.
L'âme du criminel.

P. Lapie.
La justice par l'État.

G.-L. Duprat.
Les causes sociales de la foi
Le mensonge.

Tanon.
L'évolution du droit.

Bergson.
Le rire. 2ᵉ éd.

Brunschvicg.
Introd. à la vie de l'esprit.

Hervé Blondel.
Approximations de la véri

Mauxion.
L'éducation par l'instructi

Arréat.
Dix ans de philosophie.
Le sentiment relig. en Franc

F. Paulhan.
Psychologie de l'invention.
Les phénomènes affectifs.
Analystes et esprits synthét

Murisier.
Malad. du sentim. relig. 2ᵉ é

Palante.
Précis de sociologie 2ᵉ éd

Fournière.
Essai sur l'individualisme.

Grasset.
Limites de la biologie. 2ᵉ é

Encausse
Occult. et Spiritual. 2ᵉ éd.

A. Landry.
La responsabilité pénale. 2ᵉ é

**Sully Prudhomme
et Ch. Richet**
Probl. des causes finales. 2ᵉ é

E. Goblot.
Justice et Liberté.

W. James
La théorie de l'émotion.

J. Philippe.
L'image mentale.

M. Boucher.
Sur l'hyperespace, le temp
la matière et l'énergie.

Coste.
Dieu et l'âme. 2ᵉ édit.

P. Sollier.
Les phénomènes d'autoscop

Roussel-Despierres
L'idéal esthétique.

J. Bourdeau
Maîtres de la pensée contem

C.-A. Laisant.
L'éducat. fond. sur la scien.

1360-03. — Coulommiers. Imp. PAUL BRODARD. — 11-03.

www.ingramcontent.com/pod-product-compliance
Lightning Source LLC
Chambersburg PA
CBHW070302290326
41930CB00040B/1835

* 9 7 8 2 0 1 2 8 1 8 2 7 9 *